DICTIONNAIRE DE L'ANCIEN TESTAMENT (HÉBREU - FRANÇAIS), VOLUME I

Tous les noms du Tanakh (Bible hébraïque)

Andalus Publications

2022

*Dictionnaire de l'Ancien Testament
(Hébreu - Français), Volume I
Tous les noms du Tanakh (Bible hébraïque)*

Tous droits réservés.
© *Andalus Publications*

Edition broché, 2022.

Série : *Langues de la Bible et du Coran.*

Couverture : Première page du *Codex d'Alep* (כֶּתֶר אֲרָם צוֹבָא),
Domaine public.

ISBN : 9798416785338

Tous droits réservés à l'éditeur.

Aucune partie de cet ouvrage ne peut être reproduite ou transmise sous quelque forme ou par quelque moyen que ce soit, électronique ou mécanique, y compris la photocopie, l'enregistrement ou tout système de stockage et de récupération de l'information, ou le balayage, le téléchargement et la distribution de ce livre via Internet ou par tout autre moyen, sans l'autorisation écrite de l'éditeur.

andaluspublications.com

Introduction

Ce dictionnaire hébreu contient **tous les noms hébreux de l'Ancien Testament**, même ceux qui n'apparaissent qu'une seule fois, avec lui vous lirez la Bible hébraïque dans sa langue originale ; dans le volume II, vous trouverez les verbes, les adjectifs et d'autres termes hébreux.

Dans vos **mains 5.830 mots hébreux du vocabulaire biblique** avec de grandes lettres et une mise en page pratique dans près de 350 pages avec couverture souple, Kindle et couverture rigide.

Ce dictionnaire est **facile à utiliser, et très pratique** pour améliorer votre connaissance de la langue hébraïque, votre lecture de la Bible et une base pour l'interprétation des livres sacrés juifs.

Pour chaque mot, **vous trouverez les sens les plus courants et ses différents champs sémantiques sont présentés** ; les noms propres et les lieux en hébreu sont différenciés par une majuscule et une italique en utilisant la translittération la plus facile, par exemple אַבְרָהָם : *Abraham*, יִשְׂרָאֵל : *Israël*.

Vous pouvez trouver d'autres vocabulaires et dictionnaires de la Bible et du Coran sur la page web des *Andalus Publications*, **avec des prix très intéressants et des designs merveilleux.**

Consultez les premières pages pour prendre votre propre décision.

אָב	père, aïeul, ancêtre
אֵב	(1) fraîcheur, vert frais, pousse (2) fruit
אֲבַגְתָא	Abagtha
אֹבֵד	destruction
אֲבֵדָה	Abaddon
אֲבֵדָה	une chose perdue
אֲבַדּוֹ	Abaddon
אֲבַדּוֹן	(lieu de) destruction ou de ruine, Abaddon
אָבְדָן	destruction
אַבְדָן	destruction
אֶבֶה	roseau, papyrus
אֵבוּס	crèche, mangeoire
אִבְחָה	abattage

אֲבַטִּיחַ	pastèques
אֲבִי	Abi
אֲבִיאֵל	Abiel
אֲבִיאָסָף	Abiasaph
אָבִיב	(1) frais, jeunes oreilles (2) *Abib*
אֲבִיגַיִל	Abigail ("mon père est la joie")
אֲבִידָן	Abidan
אֲבִידָע	Abida
אֲבִיָּה	Abijah ("Yah est mon père")
אֲבִיָּהוּ	Abijah
אֲבִיהוּא	Abihu
אֲבִיהוּד	Abihud
אֲבִיהַיִל	Abihail
אֲבִיּוֹנָה	la câpre
אֲבִיחַיִל	Abihail
אֲבִיטוּב	Abitub
אֲבִיטַל	Abital
אֲבִיָּם	Abijam
אֲבִימָאֵל	Abimael

אֲבִימֶלֶךְ	le père est roi, un nom philistin, également un nom isr.
אֲבִינָדָב	*Abinadab*
אֲבִינֹעַם	le père de Barak
אֶבְיָסָף	*Ebiasaph*
אֲבִיעֶזֶר	*Abiezer*
אֲבִי־עַלְבוֹן	*Abi-albon*
אָבִיר	fort
אֲבִירָם	*Abiram*
אֲבִישַׁג	*Abishag*
אֲבִישׁוּעַ	mon père est de secours, deux Isr.
אֲבִישׁוּר	*Abishur*
אֲבִישַׁי	*Abisha* ("mon père est Jesse")
אֲבִישָׁלוֹם	*Abishalom*
אֶבְיָתָר	le grand est père, un prêtre Isr.
אֲבִי הָעֶזְרִי	*Abiezrite*
אָבָל	un ruisseau, une rivière
אֵבֶל	deuil
אָבֵל בֵּית־מַעֲכָה	*Abel Beth-maacah*

אָבֵל הַשִּׁטִּים	Abel-shittim
אָבֵל כְּרָמִים	Abel-keramim
אָבֵל מְחוֹלָה	Abel-meholah
אָבֵל מָיִם	Abel-maim
אָבֵל מִצְרַיִם	Abel-mizraim
אֶבֶן	une pierre
אֲבָנָה	Abanah
אַבְנֵט	une ceinture
אָבְנַיִם	roue, disque
אַבְנֵר	mon père est une lampe, un nom d'Isr.
אֶבֶן הַזֹּחֶלֶת	pierre de Zoheleth
אֶבֶן הָעֵזֶר	Ebenezer
אֲבַעְבֻּעָה	ampoules, furoncles
אָבֵץ	Abez
אִבְצָן	Ibzan
אָבָק	poussière
אֲבָקָה	poudre
אֵבֶר	pignons
אֶבְרָה	un pignon

אַבְרָהָם	Abraham
אַבְרָם	père exalté, le nom original d'Abraham
אַבְשָׁלוֹם	Absalom
אֹבֹת	Oboth
אֲגָא	Agee
אֲגַג	Agag
אֲגָגִי	Agagite
אֲגֻדָּה	un groupe
אָגוּר	Agur
אֱגוֹז	noix
אֲגוֹרָה	un paiement
אֵגֶל	une goutte
אֶגְלַיִם	Eglaim
אָגֵם	triste
אֲגַם	un marais, une mare boueuse
אַגְמוֹן	un jonc, une joncaille
אַגָּן	une cuvette, un bassin
אֲגַף	une bande, une armée
אֶגְרוֹף	un poing

אֲגַרְטָל	un bassin, un panier
אִגֶּרֶת	une lettre
אֵד	une brume
אַדְבְּאֵל	Adbeel
אֲדַד	Hadad
אִדּוֹ	Iddo
אֱדוֹם	Edom
אֲדוֹמִי	Edomite, les Edomites
אָדוֹן	seigneur
אַדּוֹן	Addon
אֲדוֹרַיִם	Adoraim
אֹדוֹת	cause
אֲדַלְיָא	Adalia
אָדָם	(1) *Adam* (2) homme, humanité
אֹדֶם	une cornaline
אַדְמָה	Admah
אֲדָמָה	sol, terre
אֲדָמִים	Adummim
אֲדָמִי הַנֶּקֶב	lieu situé sur la frontière de Nephtali

אַדְמָתָא	Admatha
אַדָּן	Addan
אֶדֶן	une base, un piédestal
אֲדֹנִי־בֶזֶק	Adoni-bezek
אֲדֹנִיָּה	Adonijah
אֲדֹנִיָּהוּ	Adonijah ("mon Seigneur est Yahvé")
אֲדֹנִי־צֶדֶק	Adoni-zedek
אֲדֹנִיקָם	Adonikam
אֲדֹנִירָם	Adoniram
אַדָּר	Addar
אֲדָר	Adar
אֶדֶר	gloire, magnificence, un manteau, une cape
אַדַרְכּוֹן	gloire, magnificence ; manteau, cape
אֲדֹרָם	Adoram
אַדְרַמֶּלֶךְ	Adrammelech
אַדְרֶעִי	chef-lieu de Basan, et lieu en Nephtali.
אַדֶּרֶת	gloire, manteau
אַהַב	amour (nom)
אֹהַב	amour (nom)

אַהֲבָה	amour (nom)
אֹהַד	Ohad
אַהֲוָא	Ahava
אֹהֶל	une tente
אָהֳלָה	celle qui a une tente, un nom symbolique pour la Samarie
אֲהָלוֹת	bois d'aloès
אָהֳלִיאָב	la tente du père, un assistant de Bezalel
אָהֳלִיבָה	Oholibah
אָהֳלִיבָמָה	Oholibamah
אֲהָלִים	l'aloès (un arbre)
אַהֲרֹן	Aaron
אוּאֵל	Uel
אוּד	une marque, un tison
אַוָּה	désir
אוּזַי	Uzai
אוּזָל	Uzal
אֱוִי	Evi
אֱוִיל	insensé
אֱוִיל מְרֹדַךְ	Evil-merodach

אוּל	(1) le corps, le ventre (2) un homme de tête, noble
אִוֶּלֶת	folie
אָוֶן	trouble, chagrin, méchanceté
אוּפָז	Uphaz
אוּר	(1) une flamme (2) Ur
אֻרְוָה	crèche, berceau
אוּרִי	Uri
אוּרִיאֵל	Uriel
אוּרִיָּה	flamme de Yah, nom d'un Hittite et de deux Isr.
אוּרִיָּהוּ	Uriah
אוּרִים	Urim
אוֹב	une bouteille (faite de peau d'animal), un nécromancien
אוֹבִיל	Obil
אוֹמָר	Omar
אוֹן	(1) vigueur, richesse (2) On
אוֹנוֹ	Ono
אוֹנִי	deuil
אוֹנָם	Onam
אוֹנָן	vigoureux, fils de Juda

אוֹפִיר	Ophir
אוֹפַן	une roue
אוֹצָר	un trésor, un magasin, une trésorerie, un entrepôt
אוֹר	une lumière
אוֹרָה	(1) une lumière (2) une herbe
אוֹת	un signe
אֶזְבַּי	Ezbai
אֵזוֹב	hysope
אֵזוֹר	un tissu pour la taille
אַזְכָּרָה	une offrande commémorative
אָזֵל	Ezel
אָזֵן	instruments, outils
אֹזֶן	oreille
אַזְנוֹת תָּבוֹר	Aznoth-tabor
אָזְנִי	Oznitas
אֲזַנְיָה	Azaniah
אֹזֶן שֶׁאֱרָה	Uzzen-sheerah
אֲזִקִּים	menottes
אֶזְרוֹעַ	le bras

אֶזְרָח	un indigène, citoyen à part entière
אֶזְרָחִי	Ezrahita
אָח	un frère
אֹחַ	hibou
אֲחְאָב	Achab ("frère du père")
אֶחְבָּן	Ahban
אָחוּ	roseaux, joncs
אֵחוּד	Ehud
אַחֲוָה	(1) la fraternité (2) une déclaration
אָחוּז	construit dans, fixé à
אֲחוּמַי	Ahumai
אֲחוֹחַ	Ahoah
אֲחוֹחִי	un descendant de Ahoah
אָחוֹר	le côté postérieur, la partie arrière
אָחוֹת	sœur
אָחָז	Ahaz ("il a saisi")
אֲחֻזָּה	une possession
אַחְזַי	Ahzai
אֲחַזְיָה	Ahaziah

אֲחַזְיָהוּ	Ahaziah
אֲחֻזָּם	Ahuzzam
אֲחֻזַּת	Ahuzzath
אֵחִי	Ahi
אֵחִי	Ehi
אֲחִיאָם	Ahiam
אֲחִיָּה	Ahijah
אֲחִיָּהוּ	Ahijah
אֲחִיהוּד	Ahihud
אַחְיוֹ	Ahio
אֲחִיחֻד	Ahihud
אֲחִיטוּב	mon frère est la bonté, deux Isr.
אֲחִילוּד	Ahilud
אֲחִימוֹת	Ahimoth
אֲחִימֶלֶךְ	Ahimelech
אֲחִימַן	Ahiman
אֲחִימַעַץ	Ahimaaz
אַחְיָן	Ahian
אֲחִינָדָב	Ahinadab

אֲחִינֹעַם	Ahinoam
אֲחִיסָמָךְ	Ahisamach
אֲחִיעֶזֶר	Ahiezer
אֲחִיקָם	Ahikam
אֲחִירָם	Ahiram
אֲחִירָמִי	Ahiramites
אֲחִירַע	Ahira
אֲחִישַׁחַר	Ahishahar
אֲחִישָׁר	Ahishar
אֲחִיתֹפֶל	conseiller de David
אַחְלָב	une ville assignée à Asher
אַחְלַי	Ahlai
אַחְלָמָה	améthyste
אֲחַסְבַּי	Ahasbai
אַחְרַח	Aharah
אֲחַרְחֵל	Aharhel
אַחֲרֵי	après, derrière (de lieu) ; après, après (de temps)
אַחֲרִית	l'après, la fin
אֲחַשְׁדַּרְפָּן	satrapes

אֲחַשְׁוֵרוֹשׁ	roi de Perse
אֲחַשְׁתָּרִי	*Haahashtari*
אֲחַשְׁתְּרָן	royal
אָטָד	ronce, nerprun
אֵטוּן	fil, filé
אִטִּים	douceur
אָטֵר	*Ater*
אֹיֵב	ennemi
אֵיבָה	inimitié
אֵיד	détresse, calamité
אַיָּה	(1) épervier, faucon, milan (2) *Ajah* ("faucon")
אִיּוֹב	un patriarche
אִיזֶבֶל	*Jézabel*
אִיכָבוֹד	*Ichabod*
אַיָּל	un cerf, un chevreuil, une biche
אַיִל	(1) un leader, un chef (2) un bélier (3) un pilier ou un pilastre en saillie (4) un térébinthe
אֱיָל	aide
אַיָּלָה	une biche, un cerf
אֱיָלוּת	mon aide

אַיָּלוֹן	Aijalon
אִילוֹן	Elon
אִילוֹן בֵּית חָנָן	Elonbeth-hanan
אִילָם	un porche
אֵילִם	térébinthes, un endroit dans le désert
אֵילַת	arbre élevé, une ville et un port sur la mer Rouge
אֵיל פָּארָן	Elparan
אֵימָה	terreur, effroi
אֵימִים	Emim
אִיעֶזֶר	Iezer
אִיעֶזְרִי	Iezerites
אֵיפָה	un épha (une mesure de grain)
אִישׁ	homme, personne, mari, humanité
אִישׁ־בֹּשֶׁת	Ish-Bosheth
אִישְׁהוֹד	Ishhod
אִישׁוֹן	la pupille (de l'œil)
אִיתוֹן	une entrée
אִיתִיאֵל	Ithiel
אִיתָמָר	terre des palmiers, un fils d'Aaron

אַכַּד	Accad
אַכְזָב	fourbe, trompeur
אַכְזִיב	Achzib
אַכְזְרִיּוּת	cruauté, férocité
אֲכִילָה	un manger, un repas
אָכִישׁ	roi de Gath
אֻכָל	Ucal
אֹכֶל	nourriture
אָכְלָה	nourriture, manger
אֶכֶף	pression
אִכָּר	un laboureur, un cultivateur
אַכְשָׁף	Achshaph
אֵלָא	Ela
אֶלְגָּבִישׁ	grêle
אַלְגּוּמִּים	un arbre de bois de santal
אֶלְדָּד	Eldad
אֶלְדָּעָה	Eldaah
אָלָה	un serment
אַלָה	un chêne

אֵלָה	(1) un térébinthe (2) *Elah*
אֱלֹהִים	Dieu, dieu
אֱלוּל	*Elul*
אַלּוּף	un chef, un chiliarque
אָלוּשׁ	*Alush*
אֱלוֹהַּ	Dieu, dieu
אַלּוֹן	(1) *Allon* (2) un chêne
אֵלוֹן	un térébinthe
אֶלְזָבָד	*Elzabad*
אֶלְחָנָן	*Elhanan*
אֱלִיאָב	Dieu est père, le nom de plusieurs Isr.
אֱלִיאֵל	*Eliel*
אֱלִיאָתָה	*Eliathah*
אֱלִידָד	*Elidad*
אֶלְיָדָע	*Eliada*
אַלְיָה	la queue grasse (de mouton)
אֵלִיָּה	*Elijah*
אֱלִיהוּ	*Elihu*
אֵלִיָּהוּ	le prophète *Elijah*

אֱלִיהוּא	Elihu
אֶלְיְהוֹעֵינַי	Eliehoenai
אֶלְיוֹעֵינַי	Elioenai
אֱלִיַחְבָּא	Eliahba
אֱלִיחֹרֶף	Elihoreph
אֱלִיל	insuffisance, inutilité
אֱלִימֶלֶךְ	Elimelech
אֶלְיָסָף	Eliasaph
אֱלִיעֶזֶר	Eliezer
אֱלִיעָם	Eliam
אֶלְיְעֵנַי	Elienai
אֱלִיפַז	Eliphaz
אֱלִיפָל	Eliphal
אֱלִיפְלֵהוּ	Eliphelehu
אֱלִיפֶלֶט	Eliphelet
אֱלִיצוּר	Elizur
אֱלִיצָפָן	Elizaphan
אֱלִיקָא	Elika
אֶלְיָקִים	Eliakim

אֱלִישֶׁבַע	Elisheba
אֱלִישָׁה	Elishah
אֱלִישׁוּעַ	Elishua
אֶלְיָשִׁיב	Eliashib ("Dieu restaure")
אֱלִישָׁמָע	Elishama ("Dieu a entendu")
אֱלִישָׁע	Elisha ("Dieu est le salut")
אֱלִישָׁפָט	Elishaphat
אֵלֶם	silence
אַלְמֻגִּים	un arbre
אֲלֻמָּה	une gerbe
אַלְמוֹדָד	Almodad
אַלְמוֹן	veuvage
אַלַּמֶּלֶךְ	Alammelech
אַלְמָנָה	une veuve
אַלְמָנוּת	veuvage
אֵלֹנִי	Elonitas
אֶלְנַעַם	Elnaam
אֶלְנָתָן	Elnathan
אֶלָּסָר	Ellasar

אֶלְעָד	Elead
אֶלְעָדָה	Eleadah
אֶלְעוּזַי	Eluzai
אֶלְעָזָר	Eleazar ("Dieu a aidé")
אֶלְעָלֵה	Elealeh
אֶלְעָשָׂה	Dieu a fait, le nom de plusieurs Isr.
אֶלֶף	(1) bétail, bœuf (2) un millier
אֶלְפֶּלֶט	Elpelet
אֶלְפַּעַל	Elpaal
אֶלְצָפָן	Elzaphan
אַלְקוּם	une bande de soldats
אֶלְקָנָה	Elkanah
אֶלְקֹשִׁי	Elkoshita
אֶלְתּוֹלַד	Eltolad
אֶלְתְּקֵה	Eltekeh
אֶלְתְּקֹן	Eltekon
אֵל בְּרִית	El-berith
אֵם	une mère
אֻמָּה	une nation, une tribu, un peuple

אָמָה	une femme de chambre, une servante
אַמָּה	une coudée
אֱמוּנָה	fermeté, constance, fidélité
אָמוֹן	(1) *Amon* (2) un artificier, un architecte, un maître ouvrier
אָמוֹץ	*Amoz*
אָמִי	*Ami*
אָמִיר	le sommet, la cime
אֲמָם	*Amam*
אָמָּן	un maître d'œuvre, un artiste
אֹמֶן	la fidélité
אֲמָנָה	(1) *Amana* (2) foi, soutien
אֹמְנָה	montant de la porte
אַמְנוֹן	*Amnon*
אֹמֶץ	force
אַמְצָה	force
אַמְצִי	*Amzi*
אֲמַצְיָה	*Amaziah*
אֲמַצְיָהוּ	*Amaziahu*
אִמֵּר	*Immer*

אֵמֶר	parole, mot
אֹמֶר	parole, mot
אִמְרָה	parole, discours, mot
אָמְרִי	Omri
אֱמֹרִי	Amorites
אֲמַרְיָה	Amariah
אֲמַרְיָהוּ	Amariah
אַמְרָפֶל	Amraphel
אֱמֶת	fermeté, fidélité, vérité
אַמְתַּחַת	un sac
אֲמִתַּי	Amittai
אֱנוֹשׁ	(1) homme, humanité (2) Enosh
אֲנָחָה	un soupir, un gémissement
אֲנָחֲרַת	Anaharath
אֳנִי	des navires, une flotte
אֳנִיָּה	un navire
אֲנִיָּה	deuil
אֲנִיעָם	Aniam
אֲנָךְ	plonger

אֲנָפָה	un oiseau cérémoniellement impur
אֲנָקָה	(1) un cri, un gémissement (2) un furet, une souris musaraigne
אָסָא	Asa
אָסוּךְ	une gourde
אָסוּר	une bande, un lien
אָסוֹן	méfait, mal, dommage
אָסִיף	récolte, moisson
אָסִיר	un esclave, un prisonnier
אַסִּיר	(1) prisonniers (2) Assir
אָסָם	un entrepôt
אַסְנָה	Asnah
אָסְנַת	Asenath
אָסָף	cueilleur, le nom de plusieurs Isr.
אֹסֶף	un magasin (c'est-à-dire une réserve de provisions)
אֹסֶף	un rassemblement
אֲסֵפָה	une collecte
אֲסֻפָּה	une collecte, un rassemblement
אֲסַפְסֻף	une collection, une populace
אַסְפָּתָא	Aspatha

אֱסָר	un lien, une obligation contraignante
אֵסַר־חַדֹּן	Esarhaddon
אֶסְתֵּר	Esther ("étoile")
אֵפֹד	éphod
אֲפֻדָּה	un éphod
אַפֶּדֶן	un palais
אֲפִיחַ	Aphiah
אַפַּיִם	Appaim
אָפִיק	un canal
אֹפֶל	obscurité, morosité
אֲפֵלָה	obscurité, morosité, calamité
אֶפְלָל	Ephlal
אֹפֶן	circonstance, condition
אֶפֶס	une cessation
אֹפֶס	les deux extrémités (c'est-à-dire la plante des pieds ou les chevilles)
אֶפֶס דַּמִּים	Ephes-dammim
אֶפַע	rien
אֶפְעֶה	(une sorte de) vipère
אֲפֵק	Aphek

אֲפֵקָה	Aphekah
אֵפֶר	une couverture, un bandage
אֵפֶר	cendres
אֶפְרֹחַ	un jeune
אַפִּרְיוֹן	une chaise à porteurs, une litière, un palanquin
אֶפְרַיִם	un fils de Joseph, ainsi que ses descendants et leur territoire
אֶפְרָת	Ephrath
אֶפְרָתָה	Ephrath
אֶפְרָתִי	Ephraïmite
אֶצְבּוֹן	Ezbon
אֶצְבַּע	un doigt, un orteil
אָצִיל	un côté, un coin, un chef
אַצִּיל	une jonction, une articulation
אָצֵל	Azel
אָצֵל	(1) un lieu en Juda (2) un descendant de Jonathan
אֲצַלְיָהוּ	Azaliah
אֹצֶם	Ozem
אֶצְעָדָה	un brassard
אֹצָר	trésor, un chef des Horites

אֶקְדָּח	une lueur ardente, un éclat
אַקּוֹ	une chèvre sauvage
אֲרָא	Ara
אֲרָאֵיל	foyer, autel, terre
אֲרְאֵל	guerrier
אַרְאֵלִי	Areli
אֶרְאֵלָם	héros, hommes courageux
אֲרַב	Wareb
אֶרֶב	un lieu d'attente, une cachette, une tanière
אֹרֶב	une embuscade
אֹרֶב	lier dans l'attente
אָרְבָה	un artifice
אַרְבֶּה	(une sorte de) sauterelle
אֲרֻבָּה	un treillis, une fenêtre, un sas
אֲרֻבּוֹת	Arubboth
אַרְבִּי	Arbite
אֶרֶג	un métier à tisser
אַרְגֹּב	Argob
אַרְגָּוָן	pourpre

אַרְגָּז	une boîte, un coffre
אַרְגָּמָן	pourpre, rouge-violet
אַרְדְּ	Ard
אַרְדּוֹן	Ardon
אַרְדִּי	Ardites
אֲרַדָי	Aridai
אַרְוַד	Arvad
אַרְוָדִי	Arvadite
אֻרְוָה	crèche, berceau
אֲרוּכָה	guérison, restauration
אֲרוּמָה	Arumah
אֲרַוְנָה	Araunah
אֲרוֹד	Arod
אֲרוֹדִי	Arodi
אָרוֹן	un coffre, une arche
אֶרֶז	un cèdre
אַרְזָה	panneaux de cèdre, travail du cèdre
אָרַח	"voyageur", un nom isr.
אֹרַח	un chemin, une voie

אֲרֻחָה	un repas, une allocation
אֹרְחָה	une compagnie de voyageurs, une caravane
אוּרִי	Uri
אֲרִי	un lion
אֲרִיאֵל	Ariel
אֲרִידָתָא	Aridatha
אַרְיֵה	(1) un lion (2) Ariel
אַרְיוֹךְ	Arioch
אֲרִיסַי	Arisai
אַרְכִּי	Archites
אֶרֶךְ	Erech
אֹרֶךְ	longueur
אֲרָם	La Syrie et ses habitants, ainsi que les noms d'un fils de Sem, d'un petit-fils de Nahor et d'un Isr.
אַרְמוֹן	une citadelle
אֲרָמִי	la langue d'Aram (Syrie)
אֲרַמִּי	Araméen
אַרְמֹנִי	Armoni
אֲרַם בֵּית־רְחוֹב	les Araméens de Beth-rehob
אֲרַם דַּמֶּשֶׂק	les Araméens de Damas

אֲרַם דַּרְמֶשֶׂק	Araméens de Damas
אֲרַם מַעֲכָה	Araméen de Maaca
אֲרַם נַהֲרַיִם	Mésopotamie
אֲרַם צוֹבָא	Araméens de Zobah
אֲרָן	Aran
אֹרֶן	(1) sapin, cèdre (2) *Oren*
אַרְנֶבֶת	un lièvre
אַרְנוֹן	Arnon
אֲרַנָן	un Jébusien
אַרְנָן	Arnan
אַרְפַּד	une ville d'Aram (Syrie)
אַרְפַּכְשַׁד	Arpachshad
אֶרֶץ	terre, terrain, sol
אַרְצָא	Arza
אֲרָרַט	Ararat
אֲרֶשֶׁת	un désir, une demande
אַרְתַּחְשַׁסְתְּא	Artaxerxes
אֲשַׂרְאֵל	Asarel
אֲשַׂרְאֵלָה	Asharelah

אַשְׂרִאֵלִי	Asrielites
אַשְׂרִיאֵל	Asrielites
אֵשׁ	un feu
אַשְׁבֵּל	Ashbel
אַשְׁבֵּלִי	Ashbelites
אֶשְׁבָּן	Eshban
אַשְׁבֵּעַ	Ashbea
אֶשְׁבַּעַל	Eshbaal
אָשֶׁד	une fondation, un versant (de montagne)
אַשְׁדּוֹד	Ashdod
אַשְׁדּוֹדִי	Ashdodites
אֲשֵׁדָת	fondation
אִשָּׁה	femme, épouse, femelle
אִשֶּׁה	une offrande faite par le feu
אִשּׁוּן	époque
אַשּׁוּר	*Asshur*, deuxième fils de Sem, Assyrie.
אֲשׁוּרִי	Ashurites
אֲשׁוּרִים	Asshurim
אַשְׁחוּר	Ashhur

אָשְׁיָה	un contrefort
אֲשִׁימָא	Ashima
אָשִׁישׁ	homme
אֲשִׁישָׁה	un gâteau aux raisins
אֶשְׁכּוֹל	une grappe, un bouquet (de raisins)
אַשְׁכְּנַז	Ashkenaz
אֶשְׁכָּר	un cadeau
אֶשֶׁךְ	un testicule
אֶשֶׁל	tamaris
אָשָׁם	offense, culpabilité
אַשְׁמָה	méfait, culpabilité
אַשְׁמוּרָה	veille de nuit
אַשְׁמָן	la corpulence
אֶשְׁנָב	treillis de fenêtre
אַשְׁנָה	Ashnah
אֶשְׁעָן	Eshan
אַשָּׁף	un prestidigitateur, un nécromancien
אַשְׁפָּה	un carquois (pour les flèches)
אַשְׁפְּנַז	Ashpenaz

אֶשְׁפָּר	un gâteau ou un rouleau
אַשְׁפֹּת	un tas de cendres, un tas d'ordures, un tas de fumier
אַשְׁקְלוֹן	Ashkelon
אַשְׁקְלוֹנִי	Ashkelonite
אָשַׁר	marcher, aller
אָשֵׁר	Asher ("l'heureux")
אֶשֶׁר	bonheur, béatitude
אֹשֶׁר	bonheur
אֲשֵׁרָה	Ashera, une déesse phénicienne
אֲשֵׁרִי	Asherites
אֲשֻׁרִים	buis
אֶשְׁתָּאֹל	Eshtaol
אֶשְׁתָּאֻלִי	Eshtaolites
אֶשְׁתּוֹן	Eshton
אֶשְׁתְּמֹה	Eshtemoh
אֶשְׁתְּמֹעַ	Eshtemoa
אֶתְבַּעַל	Ethbaal
אַתּוּק	galerie, porche
אָתוֹן	une femelle âne

אִתַּי	Ittai
אַתִּיק	une galerie, un porche
אֵתָם	Etham
אֶתְנָה	le salaire (d'une prostituée)
אֶתְנִי	Ethni
אֶתְנָן	Ethnan
אֶתְנַן	le salaire (d'une prostituée)
אֲתָרִים	Atharim

בָּאָה	une entrée, un accès
בְּאֵר	(1) *Beer* ("puits") (2) un puits, une fosse
בְּאֵרָא	*Beera*
בְּאֵרָה	*Beerah*
בְּאֵרוֹת	*Beeroth*
בְּאֵרִי	*Beeri*
בְּאֵרֹתִי	*Beerothite*
בְּאֵרֹת בְּנֵי־יַעֲקָן	*Beeroth* des enfants de Jaakan
בְּאֵר אֵילִים	*Beer-elim*
בְּאֵר לַחַי רֹאִי	*Beer-lahai-roi*
בְּאֵר שֶׁבַע	puits des sept, un endroit dans le Néguev
בָּאְשׁ	choses puantes ou sans valeur ; raisins sauvages ou aigres
בְּאֹשׁ	puanteur

בְּאָשָׁה	mauvaises herbes puantes ou nuisibles
בָּבָה	la pomme (de l'œil)
בֵּבַי	Bebai
בָּבֶל	Babel, Babylone
בֶּגֶד	(1) un vêtement, une couverture (2) la trahison
בֹּגְדוֹת	la trahison
בִּגְוַי	Bigvai
בִּגְתָא	Bigtha
בִּגְתָן	Bigthan
בַּד	(1) séparation, une partie (2) linge blanc (3) vide, paroles oiseuses
בָּדָד	isolement, séparation
בְּדַד	Bedad
בְּדָיָה	Bedeiah
בְּדִיל	scories, alliage
בְּדִיל	alliage, étain, scories
בָּדָל	un morceau, un morceau coupé
בְּדֹלַח	Bdellium
בְּדָן	Bedan
בֶּדֶק	une fissure, une déchirure, une brèche

בִּדְקַר	*Bidkar*
בֹּהוּ	vide
בֹּהוֹן	pouce
בַּהַט	du porphyre
בֶּהָלָה	consternation, terreur soudaine ou ruine
בְּהֵמָה	une bête, un animal, du bétail
בְּהֵמוֹת	une sorte d'animal
בֹּהַן	*Bohan*
בֹּהֶן	pouce, gros orteil
בֹּהַק	tetter
בַּהֶרֶת	éclat, point lumineux
בּוּז	(1) mépris (2) *Buz*
בּוּזָה	mépris
בּוּזִי	*Buzite*
בַּוַּי	*Bavvai*
בּוּל	(1) produire, excroissance (2) *Bul*
בּוּנָה	*Bunah*
בּוּנִי	*Bunni*
בּוּץ	byssus

בּוּקָה	vide
בּוּשָׁה	honte
בּוֹצֵץ	Bozez
בּוֹקֵר	un gardien de troupeau
בּוֹר	une fosse, une citerne, un puits
בּוֹר־עָשָׁן	Chorashan
בּוֹר הַסִּרָה	puits de Sirah
בַּז	dépouillement, vol, butin
בִּזָּה	butin
בִּזָּיוֹן	mépris
בִּזְיוֹתְיָה	Biziothiah
בָּזָק	un éclair
בֶּזֶק	Bezek
בִּזְתָא	Bigtha
בַּחוּן	tour de siège
בָּחוּר	un jeune homme
בְּחוּרוֹת	jeune
בַּחוּרִים	Bahurim
בְּחוּרִים	jeune

בָּחוֹן	un essayeur
בָּחִין	tours de siège
בָּחִיר	choisi
בַּחַן	une tour de guet
בֹּחַן	un test
בַּחֲרוּמִי	Baharumite
בֶּטַח	(1) sécurité (2) *Bétah*, un lieu en Aram (Syrie)
בִּטְחָה	sécurité, sûreté
בִּטְחָה	une confiance
בִּטָּחוֹן	confiance
בֶּטֶן	ventre, corps, utérus
בָּטְנָה	pistache
בְּטֹנִים	*Betonim*
בִּינָה	une compréhension
בֵּיצָה	un œuf
בְּאֵר	citerne, puits
בִּירָה	un château, un palais
בַּיִת	maison, lieu d'habitation
בֵּית־אֵל	*Béthel*

בֵּית־גָּדֵר	Beth-gader
בֵּית־הַשֶּׁמֶשׁ	Beth-shemite
בִּיתָן	maison, palais
בֵּית־עַזְמָוֶת	Beth-azmaveth
בֵּית־עֲנוֹת	Beth-anoth
בֵּית־עֵקֶד	Beth-eked
בֵּית־עֵקֶד הָרֹעִים	Beth-eked des bergers
בֵּית־צוּר	maison de rocher, lieu en Juda
בֵּית אָוֶן	maison d'iniquité, un lieu en Benjamin
בֵּית אַרְבֵּאל	Beth-arbel
בֵּית בַּעַל מְעוֹן	Beth-baal-meon
בֵּית בִּרְאִי	Beth-biri
בֵּית בָּרָה	Beth-barah
בֵּית גָּמוּל	Beth-gamul
בֵּית דִּבְלָתַיִם	Beth-diblathaim
בֵּית דָּגוֹן	Beth-dagon
בֵּית הָאֵצֶל	Bethezel
בֵּית הַגִּלְגָּל	Beth-gilgal

בֵּית הַגָּן	maison-jardin
בֵּית הַיְשִׁימוֹת	Beth-jeshimoth
בֵּית הַכֶּרֶם	Beth-haccherem
בֵּית הַלַּחְמִי	Bethlehemite
בֵּית הַמַּרְכָּבוֹת	Beth-marcaboth
בֵּית הָעֵמֶק	Beth-emek
בֵּית הָעֲרָבָה	Beth-arabah
בֵּית הָרָם	Beth-haram
בֵּית הָרָן	Bethharan
בֵּית הַשִּׁטָּה	Beth-shittah
בֵּית חָגְלָה	Beth-hoglah
בֵּית חוֹרוֹן	Beth-Horon
בֵּית כָּר	Beth-car
בֵּית לְבָאוֹת	Beth-lebaoth
בֵּית לֶחֶם	lieu du pain, ville de Juda, et ville de Zabulon.
בֵּית לְעַפְרָה	Beth-le-aphrah
בֵּית מִלּוֹא	Beth-millo
בֵּית מְעוֹן	Beth-meon
בֵּית מַעֲכָה	Beth-maacah

בֵּית נִמְרָה	Beth-nimrah
בֵּית עֵדֶן	Beth-eden
בֵּית עֲנָת	Beth-anath
בֵּית פֶּלֶט	Beth-pelet
בֵּית פְּעוֹר	Beth-peor
בֵּית פַּצֵּץ	Bethpazzez
בֵּית רְחוֹב	Beth-rehob
בֵּית רָפָא	Beth-rapha
בֵּית שְׁאָן	lieu de tranquillité, localité de Manassé, à l'ouest du Jourdain
בֵּית שֶׁמֶשׁ	Beth-Shemesh
בֵּית תַּפּוּחַ	Beth-tappuah
בָּכָא	balsamier
בָּכֶה	un pleureur
בִּכּוּרָה	la première figue mûre, la figue précoce
בִּכּוּרִים	premiers fruits
בָּכוּת	pleurs
בְּכוֹרַת	Becorath
בְּכִי	un pleur
בֹּכִים	Bochim

בָּכִית	une pleureuse
בֶּכֶר	Becher
בֶּכֶר	jeune chameau
בְּכֹר	premier-né
בִּכְרָה	un jeune chameau, dromadaire
בְּכֹרָה	droit de naissance
בֹּכְרוּ	Bocheru
בַּכְרִי	Becherites
בִּכְרִי	Béchérites
בֵּל	Bel
בַּלְאֲדָן	Baladan
בִּלְגָּה	Bilgah
בִּלְגַּי	Bilgai
בִּלְדַּד	Bildad
בָּלָה	Balah
בַּלָּהָה	terreur, événement épouvantable, calamité, destruction
בִּלְהָה	Bilhah
בִּלְהָן	Bilhan
בְּלוֹי	choses usées, haillons

בֵּלְטְשַׁאצַּר	Belteshazzar
בְּלִיל	fourrage
בְּלִיַּעַל	inutilité
בֶּלַע	(1) *Bela* (2) un engloutissement, une dévoration, une chose avalée
בַּלְעִי	Bélaïtes
בִּלְעָם	Balaam
בָּלָק	dévastateur, un roi moabite
בֵּלְשַׁאצַּר	Belshazzar
בִּלְשָׁן	Bilshan
בָּמָה	un haut lieu
בִּמְהָל	Bimhal
בָּמוֹת	Bamoth
בָּמוֹת בַּעַל	Bamoth-baal
בֵּן	fils, descendant
בֶּן־אוֹנִי	Ben-oni
בֶּן־הֲדַד	Ben-hadad
בִּנּוּי	plusieurs Isr. postexiliques
בֶּן־זוֹחֵת	Ben-zoheth
בֶּן־חוּר	Ben-hur

בֶּן־חַיִל	Ben-hail
בֶּן־חָנָן	Benhanan
בְּנֵי	le nom de plusieurs Isr.
בָּנִי	Bani
בְּנֵי־בְרַק	Bene-berak
בִּנְיָה	une structure, un bâtiment
בְּנָיָה	Benaiah
בְּנָיָהוּ	Benaiah ("Yah a construit")
בֵּנַיִם	champion, combattant unique
בְּנִימִינִי	Benjamites
בִּנְיָמִן	Benjamin
בִּנְיָן	(1) un bâtiment (2) une structure
בְּנִינוּ	Beninu
בְּנֵי יַעֲקָן	Bene-jaakan
בִּנְעָא	Binea
בֶּן־עַמִּי	Ben-ammi
בְּסוֹדְיָה	Besodeiah
בֵּסַי	Besai
בֹּסֶר	raisins non mûrs ou aigres

בְּעוּת	terreurs, alarmes provoquées par Dieu
בְּעוֹר	Beor
בֹּעַז	Boaz ("rapidité")
בְּעִיר	bêtes, bétail
בַּעַל	(1) propriétaire, seigneur (2) *Baal*, un dieu païen
בַּעֲלָה	(1) une maîtresse (2) *Baalah*
בְּעָלוֹת	Bealoth
בְּעֶלְיָדָע	Beeliada
בְּעַלְיָה	Bealiah
בַּעֲלִיס	Baalis
בַּעֲלֵי יְהוּדָה	Baale-judah
בַּעֲלָת	Baalath
בַּעֲלַת בְּאֵר	Baalath-beer
בַּעַל בְּרִית	Baal-berith
בַּעַל גָּד	Baal-gad
בַּעַל הָמוֹן	Baal-hamon
בַּעַל זְבוּב	Baal-zebub
בַּעַל חָנָן	Baal-hanan
בַּעַל חָצוֹר	Baal-hazor

בַּעַל חֶרְמוֹן	Baal-hermon
בַּעַל מְעוֹן	Baal-meon
בַּעַל פְּעוֹר	Baal-Peor, un dieu moabite
בַּעַל פְּרָצִים	Baal-perazim
בַּעַל צְפֹן	Baal-zephon
בַּעַל שָׁלִשָׁה	Baal-shalishah
בַּעַל תָּמָר	Baal-tamar
בְּעֹן	Beon
בַּעֲנָא	le nom de plusieurs Isr.
בַּעֲרָא	Baara
בְּעֵרָה	une brûlure
בַּעֲשֵׂיָה	Baaseiah
בַּעְשָׁא	Baasha
בְּעֶשְׁתְּרָה	Be-eshterah
בְּעָתָה	terreur, consternation
בֹּץ	fange
בִּצָּה	un marécage
בֵּצַי	Bezai
בָּצִיר	un millésime

בָּצָל	un oignon
בְּצַלְאֵל	Bezalel
בַּצְלוּת	Bazluth
בֶּצַע	gain obtenu par la violence, gain injuste, profit
בָּצֵק	(1) gonfler (2) pâte (pour la cuisson)
בָּצְקַת	Bozkath
בֶּצֶר	(1) *Bezer* (2) minerai précieux, un lingot
בָּצְרָה	(1) *Bosra* (2) un enclos, un repli (pour les moutons)
בַּצָּרָה	pénurie, dénuement
בִּצָּרוֹן	une forteresse
בַּצֹּרֶת	une disette
בַּקְבּוּק	Bakbuk
בַּקְבֻּק	une gourde
בַּקְבֻּקְיָה	Bakbukiah
בַּקְבַּקַּר	Bakbakkar
בֻּקִּי	Bukki
בֻּקִּיָּהוּ	Bukkiah
בָּקִיעַ	fissure, brèche
בֶּקַע	moitié de

בִּקְעָה	une vallée, une plaine
בִּקְעַת אָוֶן	plaine de l'Aven
בָּקָר	bétail, troupeau, un bœuf
בֹּקֶר	matin
בְּקָרָה	une recherche
בִּקֹּרֶת	punition
בַּקָּשָׁה	demande, supplication
בֹּר	(1) propreté, pureté (2) lessive, potasse
בְּרֹאדַךְ בַּלְאֲדָן	Berodach-baladan
בְּרָאיָה	Beraiah
בַּרְבֻּר	oiseaux engraissés
בָּרָד	grêle
בֶּרֶד	Bered
בָּרוּךְ	Baruch
בָּרוּת	nourriture
בְּרוֹשׁ	cyprès ou sapin
בְּרוֹת	cyprès ou sapin
בְּרוֹתָה	Berothah
בִּרְזַיִת	Birzaith

בַּרְזֶל	fer
בַּרְזִלַּי	*Barzillai*
בַּרְחֻמִי	Barhumite
בְּרִי	*Beri*
בְּרִיאָה	une création, chose créée
בְּרִיָּה	nourriture
בָּרִיחַ	(1) *Bariah* (2) fuir
בְּרִיחַ	un bar
בֵּרִים	Bérites
בְּרִיעָה	*Beriah*
בְּרִיעִי	Bériites
בֹּרִית	lessive, alcali, potasse, savon
בְּרִית	une alliance
בַּרַכְאֵל	*Barachel*
בְּרָכָה	(1) *Beracah* (2) une bénédiction
בְּרֵכָה	une piscine, un étang
בֶּרֶכְיָה	*Berechiah*
בֶּרֶכְיָהוּ	*Berachiah*
בֶּרֶךְ	le genou

בַּרֹמִים	tissu bigarré
בֶּרַע	Bera
בָּרָק	(1) foudre (2) *Barak*
בַּרְקוֹס	*Barkos*
בַּרְקָן	ronces
בָּרֶקֶת	une émeraude
בָּרְקַת	une émeraude
בִּרְשַׁע	*Birsha*
בְּרֹתַי	*Berothai*
בְּשׂוֹר	*Besor*
בֹּשֶׂם	épice, baume, l'arbre à baume
בָּשְׂמַת	*Basemath*
בָּשָׂר	chair
בְּשׂרָה	nouvelles
בִּשְׁלָם	*Bishlam*
בָּשָׁן	lisse, région à l'est du Jourdain
בָּשְׁנָה	honte
בֹּשֶׁת	honte
בַּת	(1) fille (2) un bain (une mesure héb.)

בְּתָה	fin, destruction
בַּתָּה	un précipice
בְּתוּאֵל	Bethuel
בְּתוּל	Bethul
בְּתוּלָה	une vierge
בְּתוּלִים	virginité
בִּתְיָה	Bithia
בֶּתֶר	une partie, un morceau
בַּת־רַבִּים	Bath-rabbim
בִּתְרוֹן	Bithron
בַּת־שֶׁבַע	Bethsabée
בַּת־שׁוּעַ	Bath-shua

גֵּאָה	orgueil
גְּאוּאֵל	*Geuel*
גַּאֲוָה	majesté, orgueil
גְּאוּלִים	rédemption
גֵּאוּת	majesté
גָּאוֹן	exaltation
גַּאֲיוֹן	orgueil
גֹּאַל	souillure
גְּאֻלָּה	rédemption
גַּב	arrière ou côté
גֵּב	(1) une poutre, un chevron (2) une fosse, une tranchée, un fossé
גֶּבֶא	une citerne, un bassin
גָּבַהּ	hauteur

גַּבְהוּת	arrogance
גְּבוּל	frontière, limite, territoire
גְּבוּלָה	frontière, limite
גְּבוּרָה	force, puissance
גִּבֵּחַ	avoir un front chauve
גַּבַּחַת	un front chauve
גַּבַּי	Gabbai
גֹּבַי	sauterelles
גֵּבִים	Gebim
גָּבִיעַ	une coupe, un bol
גְּבִיר	seigneur
גְּבִירָה	dame, reine
גָּבִישׁ	cristal
גְּבָל	Gebal
גְּבַל	Gebal
גַּבְלוּת	torsion
גִּבְלִי	Gebalite
גְּבִנָּה	caillé
גַּבְנֹן	un pic, un sommet arrondi

גֶּבַע	Geba
גִּבְעָא	Gibea
גִּבְעָה	une colline
גִּבְעוֹן	Gibeon
גִּבְעוֹנִי	Gibéonites
גִּבְעֹל	un bourgeon
גִּבְעָתִי	Gibeathite
גִּבָּר	Gibbar
גֶּבֶר	(1) Geber (2) homme
גַּבְרִיאֵל	Gabriel
גִּבְּתוֹן	Gibbethon
גָּג	un toit, un sommet
גָּד	un fils de Jacob, aussi sa tribu et son territoire, aussi un prophète
גַּד	(1) coriandre (2) Gad (3) fortune, bonne fortune
גֻּדְגֹּד	Gudgodah
גְּדוּד	(1) une bande, une troupe (2) un sillon, une coupe
גְּדוּדָה	sillon, coupe
גְּדוּלָה	grandeur
גִּדּוּף	des injures, des paroles injurieuses

גְּדוּפָה	une raillerie
גְּדוֹר	Gedor
גַּדִי	Gadi
גַּדִּי	Gaddi
גְּדִי	un chevreau (une jeune chèvre)
גַּדִּיאֵל	Gaddiel
גְּדִיָּה	rive de la rivière
גְּדִיָּה	un chevreau (une jeune chèvre)
גָּדִישׁ	(1) une tombe (2) un tas, une pile
גָּדַל	fils tordus
גִּדֵּל	Giddel
גֹּדֶל	grandeur
גְּדַלְיָה	Gedaliah
גְּדַלְיָהוּ	Gedaliah
גִּדַּלְתִּי	Giddalti
גִּדְעוֹן	Gédéon
גִּדְעֹם	Gidom
גִּדְעֹנִי	un Benjamite
גָּדֵר	un mur

גֶּדֶר	Geder
גְּדֹר	Gedor
גְּדֵרָה	(1) un mur (2) Gederah
גְּדֵרוֹת	Gederoth
גְּדֵרִי	Gederite
גְּדֶרֶת	un mur
גְּדֵרָתִי	Gederathite
גְּדֵרֹתַיִם	Gederothaim
גֵּהָה	une guérison, un remède
גַּו	(1) milieu (2) le dos
גֵּו	(1) milieu (2) dos
גֵּוָה	(1) le dos (2) la fierté
גְּוִיָּה	un corps, un cadavre
גּוּמָץ	une fosse
גּוּנִי	descendant de Guni
גּוּפָה	un corps, un cadavre
גּוּר	(1) un petit, un louveteau (2) Gur
גּוּר־בַּעַל	Gur-baal
גּוּשׁ	croûte

גּוֹב	(1) *Gob* (2) sauterelles
גּוֹג	*Gog*
גּוֹזָל	jeunes oiseaux
גּוֹזָן	*Gozan*
גּוֹי	nation, peuple
גּוֹיִם	nation, peuple
גּוֹלָה	exilés
גּוֹלָן	*Golan*
גּוּר	un petit
גּוֹרָל	un lot (pour le lancer)
גֵּז	une tonte, un fauchage
גִּזְבָּר	un trésorier
גִּזָּה	une toison
גִּזוֹנִי	Gizonite
גָּזֵז	*Gazez*
גָּזִית	couper, tailler
גֶּזֶל	vol
גָּזֵל	négation, perversion
גְּזֵלָה	pillage, butin

	גָּזָם	sauterelles
	גָּזָם	*Gazzam*
	גֶּזַע	stock, tige
	גֶּזֶר	(1) partie (2) *Gezer* ("portion")
	גְּזֵרָה	coupe, séparation
	גִּזְרִי	Gezrite
	גָּחוֹן	ventre (des reptiles)
	גַּחַל	charbon ardent, charbon de bois
	גַּחֶלֶת	charbon, charbons chauds
	גַּחַם	*Gaham*
	גַּחַר	*Gahar*
	גַּיְא	une vallée
	גֵּיא בֶן־הִנֹּם	vallée du fils de Hinnom
	גֵּיא הֲמוֹן גּוֹג	vallée de Hamon-gog
	גֵּיא הַצְּבֹעִים	vallée de Zeboim
	גֵּיא חֲרָשִׁים	*Ge-harashim*
	גֵּיא יִפְתַּח־אֵל	vallée d'Iphtahel
	גֵּיא מֶלַח	vallée du sel
	גֵּיא צְפָתָה	vallée de Zephathah

גִּיד	tendon d'Achille
גִּיחַ	*Giah*
גִּיחוֹן	*Gihon*
גֵּיחֲזִי	*Gehazi*
גִּיל	(1) une réjouissance (2) un cercle, un âge
גִּילָה	une réjouissance
גִּילֹנִי	*Gilonite*
גִּינַת	*Ginath*
גִּישׁ	motte, grumeau
גִּישָׁן	*Geshan*
גַּל	un tas, une vague, une ondulation
גָּל	bouse
גַּלָּב	un barbier
גִּלְבֹּעַ	*Gilboah*
גַּלְגַּל	une roue, un tourbillon, une tornade
גִּלְגָּל	(1) *Gilgal* ("cercle (de pierres)" (2) une roue
גֻּלְגֹּלֶת	un crâne, une tête, une tête de mort (de personnes)
גֶּלֶד	une peau
גֻּלָּה	un bassin, une coupe

גִּלֹה	Giloh
גִּלּוּל	une idole
גָּלוּת	un exil
גְּלוֹם	une enveloppe, un vêtement
גִּלָּיוֹן	une table, une tablette
גָּלִיל	(1) un cylindre, une tige, un circuit, un district (2) la Galilée (3) une rotation, un pliage
גְּלִילָה	un circuit, une frontière, un territoire, également un district en Pal.
גְּלִילוֹת	Geliloth
גַּלִּים	Gallim
גָּלְיָת	Goliath
גָּלָל	(1) un fumier (2) un compte (3) *Galal*
גִּלֲלַי	Gilalai
גֹּלֶם	un embryon
גַּלְעֵד	Galeed
גִּלְעָד	Gilead
גִּלְעָדִי	gileadite
גֹּמֶא	un jonc, un roseau, un papyrus
גֹּמֶד	une coudée courte (du coude aux jointures du poing fermé)

גַּמָּדִים	Gammadim
גָּמוּל	Gamul
גְּמוּל	une transaction, une récompense, un avantage
גְּמוּלָה	une transaction, une récompense
גִּמְזוֹ	Gimzo
גָּמָל	un chameau
גְּמַלִּי	Gemalli
גַּמְלִיאֵל	Gamaliel
גֹּמֶר	Gomer
גְּמַרְיָה	Gemariah
גְּמַרְיָהוּ	Gemariahu
גַּן	un enclos, un jardin
גַּנָּב	un voleur
גְּנֵבָה	une chose volée
גְּנֻבַת	Genubath
גַּנָּה	un jardin
גֶּנֶז	un trésor, des coffres
גִּנְזָךְ	un trésor
גִּנְּתוֹי	Ginnethoi

גִּנְּתוֹן	*Ginnethon*
גֹּעָה	*Goah*
גַּעַל	*Gaal*
גֹּעַל	un dégoût
גְּעָרָה	un reproche
גַּעַשׁ	une montagne en Ephraïm
גְּעָתָם	un Edomite
גַּף	(1) corps, soi, hauteur, élévation (2) aile (d'un oiseau)
גֶּפֶן	une vigne
גֹּפֶר	*gopher* (une sorte d'arbre ou de bois)
גָּפְרִית	le soufre
גִּר	craie, chaux
גֵּר	un habitant
גֵּרָא	*Gera*
גָּרָב	une démangeaison, une gale
גָּרֵב	*Gareb*
גַּרְגַּר	baie, olive mûre
גַּרְגֶּרֶת	cou
גִּרְגָּשִׁי	un Girgashite

גֵּרָה	(1) un *gerah* (un vingtième de sicle) (2) un gland
גֵּרוּת	lieu d'hébergement
גָּרוֹן	cou, gorge
גִּרְזִי	Girzites
גְּרִזִים	*Gerizim*
גַּרְזֶן	une hache
גֶּרֶם	un os, la force
גַּרְמִי	Garmite
גֹּרֶן	aire de battage
גֹּרֶן הָאָטָד	aire de battage d'Atad
גֹּרֶן כִּידֹן	aire de battage de Chidon
גֹּרֶן נָכוֹן	aire de Nacon
גְּרָר	*Gerar*
גֶּרֶשׂ	un écrasement
גֶּרֶשׁ	une chose poussée, une chose mise en avant
גְּרֻשָׁה	expulsion, violence
גֵּרְשׁוֹם	*Gershom*
גֵּרְשׁוֹן	*Gershon*, un fils de Levi
גֵּרְשֻׁנִּי	Gershonites

גְּשׁוּר	territoire à l'est du haut Jourdain, habitant aussi Geshur.
גְּשׁוּרִי	Geshurites
גֶּשֶׁם	(1) *Geshem* (2) pluie, averse
גֶּשֶׁם	sur lequel il a plu
גַּשְׁמוּ	*Gashmu*
גֹּשֶׁן	*Goshen*
גִּשְׁפָּא	*Gishpa*
גַּת	(1) un pressoir à vin (2) *Gath* ("pressoir à vin")
גִּתִּי	*Gitti*
גִּתַּיִם	*Gittaim*
גִּתִּית	terme musical de sens inconnu
גֶּתֶר	*Gether*
גַּת־רִמּוֹן	pressoir d'une grenade, deux endroits en Pal.
גַּת הַחֵפֶר	*Gath-hepher*

ד

דְּאָבָה	malaise, consternation
דְּאָבוֹן	malaise, langueur
דְּאָגָה	anxiété, soin anxieux
דָּאָה	cerf-volant (oiseau de proie)
דֹּאר	Dor
דֹּב	un ours
דֹּבֶא	le repos
דִּבָּה	chuchotement, diffamation, mauvaise nouvelle
דְּבוֹרָה	(1) une abeille (2) Deborah
דִּבְיוֹנִים	décharge
דְּבִיר	(1) Debir (2) saint des saints
דִּבְלָה	Diblah
דְּבֵלָה	une masse (de figues pressées), un gâteau (de figues) pressé

דִּבְלָיִם	Diblaim
דֶּבֶק	une jonction, une soudure, un appendice
דָּבָר	mot, matière, chose, discours
דֶּבֶר	pâturage
דֶּבֶר	pestilence
דֹּבֶר	un pâturage
דְּבִר	Debir
דִּבְרָה	une cause, une raison, une manière
דֹּבְרוֹת	flotteurs, radeaux
דִּבְרִי	Dibri
דָּבְרַת	Daberath
דַּבֶּרֶת	mots
דְּבַשׁ	miel
דַּבֶּשֶׁת	(1) Dabbesheth (2) une bosse
דָּג	un poisson
דָּגָה	un poisson
דָּגוֹן	Dagon
דֶּגֶל	un étendard, une bannière
דָּגָן	maïs, grain (de céréales)

דַּד	sein, tétine, mamelon
דּוֹדָוָהוּ	*Dodavahu*
דְּדָן	*Dedan*
דּדָנִים	*Dodanim*
דָּהֲרָה	se précipiter, s'élancer
דַּוָּג	un pêcheur
דּוּגָה	pêche, pêcherie
דָּוִד	*David* ("le bien-aimé"), un fils de Jesse
דּוּד	un pot, une jarre
דּוּדָאִים	mandragore
דְּוַי	maladie
דּוּכִיפַת	huppe (un oiseau impur en cérémonie)
דּוּמָה	(1) *Dumah* (2) un silence
דּוּמִיָּה	un silence, une attente tranquille, un repos
דּוּמֶּשֶׂק	Damas
דּוּן	jugement
דּוּר	un cercle, une boule
דּוֹאֵג	*Doeg*
דּוֹד	bien-aimé, amour, oncle

דּוֹדָה	tante
דּוֹדוֹ	Dodo
דּוֹדַי	Dodai
דּוֹנַג	cire (comme la fonte)
דּוֹר	période, génération, habitation
דְּחִי	un trébuchement
דֹּחַן	millet
דַּי	suffisance, assez
דִּיבוֹן	Dibon
דַּיָּג	pêcheur
דַּיָּה	un cerf-volant (un oiseau de proie)
דְּיוֹ	encre
דִּימוֹן	Dimon
דִּימוֹנָה	Dimonah
דַּיָּן	un juge
דִּין	jugement
דִּינָה	Dinah
דִּיפַת	Diphath
דָּיֵק	rempart, mur de siège

דִּישׁ	un battage
דִּישׁוֹן	(1) un animal pur (2) *Dishon*
דִּישָׁן	*Dishan*
דִּי זָהָב	un endroit dans le désert
דֳּכִי	un battage (de vagues)
דַּלָּה	(1) les cheveux (2) les pauvres
דְּלִי	un seau
דְּלָיָה	*Delaiah*
דְּלָיָהוּ	*Delaiah*
דְּלִילָה	*Delilah*
דָּלִית	une branche, un rameau
דִּלְעָן	*Dilean*
דֶּלֶף	une goutte
דַּלְפוֹן	*Dalphon*
דַּלֶּקֶת	inflammation
דֶּלֶת	une porte
דָּם	sang
דְּמָה	un silence, une destruction
דְּמוּת	ressemblance, similitude

דְּמִי	repos, silence
דְּמִי	moitié
דִּמְיוֹן	ressemblance
דְּמָמָה	un chuchotement
דֹּמֶן	bouse
דִּמְנָה	*Dimnah*
דֶּמַע	jus
דִּמְעָה	larmes (de celui qui pleure)
דַּמֶּשֶׂק	Damas, une ville d'Aram (Syrie)
דְּמֶשֶׁק	de la soie
דָּן	*Dan*
דַּנָּה	*Dannah*
דִּנְהָבָה	*Dinhabah*
דָּנִי	*Danites*
דָּנִיֵּאל	(1) *Daniel* ("Dieu est mon juge")
דָּן יַעַן	*Dan-jaan*
דֵּעַ	connaissance, opinion
דֵּעָה	connaissance
דְּעוּאֵל	*Deuel*

דַּעַת	connaissance
דֳּפִי	défaut, faute
דׇּפְקָה	Dophkah
דֹּק	voile, rideau
דִּקְלָה	Diklah
דֶּקֶר	Deker
דַּר	perle ou nacre
דְּרָאוֹן	aversion, dégoût
דׇּרְבָן	un aiguillon
דַּרְדַּע	Darda
דַּרְדַּר	chardons
דָּרוֹם	le sud
דְּרוֹר	(1) hirondelle (une sorte d'oiseau) (2) un écoulement, une course libre, la liberté
דׇּרְיָוֶשׁ	Darius
דַּרְכְּמוֹנִים	(une unité de valeur), une drachme
דֶּרֶךְ	chemin, route, distance, voyage, manière
דַּרְמֶשֶׂק	Damas
דָּרַע	Dara
דַּרְקוֹן	Darkon

הֶשֶׁא	herbe
הֶשֶׁן	graisse, cendres de graisse
הָת	décret, loi
הָתָן	un Reubenite
הֹתָן	Dothan

הַבְהָב	un don
הֶבֶל	(1) vapeur, souffle (2) *Abel*
הָבְנִים	ébène
הֵגֵא	*Hegai*
הֶגֶה	un grondement, un grognement, un gémissement
הָגוּת	méditation, une rêverie
הֵגַי	*Hegai*
הָגִיג	un chuchotement, une rêverie, un murmure
הִגָּיוֹן	une musique qui résonne, une méditation, une rêverie
הֲגִינָה	approprié, convenable
הָגָר	*Hagar*
הַגְרִי	*Hagrites*

הֵד	un cri, une clameur, un encouragement
הֲדַד	Hadad
הֲדַדְעֶזֶר	Hadadezer
הֲדַד־רִמּוֹן	Hadadrimmon
הֹדּוּ	Inde
הֲדוּרִים	endroit tortueux, inutile
הֲדוֹרָם	Hadoram
הִדַּי	Hiddai
הוֹדַיְוָהוּ	Hodaviah
הֲדֹם	tabouret, pouf
הֲדַס	myrte (arbre)
הֲדַסָּה	Hadassah
הָדָר	un ornement, un honneur, une splendeur
הֲדַר	Hadar
הֲדָרָה	ornement, gloire
הַוָּה	désir, gouffre, destruction
הֹוָה	désastre
הוֹבְנִים	ébène
הוֹד	(1) splendeur, majesté, vigueur (2) Hod

הוֹדְוָה	Hodevah
הוֹדַוְיָה	Hodaviah
הוֹדַוְיָהוּ	Hodaviah
הוֹדִיָּה	Hodiah
הוֹהָם	Hoham
הוֹלֵלוּת	folie
הוֹלֵלוֹת	folie, aveuglement
הוֹמָם	Homam
הוֹן	richesse, suffisance
הוֹשָׁמָע	Hoshama
הוֹשֵׁעַ	salut, le nom de plusieurs Isr.
הוֹשַׁעְיָה	Hothir
הוֹתִיר	Hothir
הֵידָד	un cri, une clameur, une acclamation
הִידוֹת	chants de louange
הַיָּה	calamité
הֵיכָל	un palais, un temple
הֵילֵל	un brillant
הֵימָם	Hemam

הֵימָן	Haman
הִין	un *hin* (une mesure liquide)
הַכָּרָה	un regard
הִלּוּלִים	réjouissance, louange
הַלּוֹחֵשׁ	Hallohesh
הֲלִיכָה	un aller, un chemin, une compagnie qui voyage
הֲלִיךְ	un pas
הֵלֶךְ	voyageur
הִלֵּל	Hillel
הֵלֶם	Helem
הַלְמוּת	un marteau, un maillet
הָם	Ham
הַמְּדָתָא	Hammedatha
הֶמֶה	richesse
הָמוֹן	un son, un murmure, un rugissement, une foule, une abondance
הֲמוֹנָה	Hamonah
הֶמְיָה	un son, une musique
הֲמֻלָּה	une pluie d'orage, un bruit précipité ou rugissant
הָמָן	Haman

הֶמֶס	broussailles
הֲנָחָה	donner du repos
הֵנַע	Hena
הֲנָפָה	tamisage
הֲפוּגָה	abaissement, cessation
הֲפֵכָה	un renversement
הֶפֶךְ	(1) perversité (2) contraire
הַצָּלָה	délivrance
הַצְלֶלְפּוֹנִי	Hazzelelponi
הֹצֶן	arme
הַקּוֹץ	Hakkoz
הַר	montagne, colline
הֹר	Hor
הָרָא	Hara
הַרְאֵל	autel, terre, foyer
הֶרֶג	un abattage
הֲרֵגָה	un abattage
הָרוּם	Harum
הֵרוֹן	conception, grossesse

הֲרוֹרִי	Harorite
הֵרָיוֹן	conception, grossesse
הֲרִיסָה	une ruine
הֲרִיסוּת	un renversement, une destruction, une ruine
הֹרָם	Horam
הַרְמוֹן	Harmon
הָרָן	Haran
הֶרֶס	un renversement, une destruction
הֲרָרִי	habitant des montagnes, décrivant deux des héros de David
הָשֵׁם	Hachem
הַשְׁמָעוּת	qui fait entendre
הִתּוּךְ	une fonte
הֲתוּלִים	moquerie
הֲתָךְ	Hathach

ו

וְדָן	Vedan
וָהֵב	un endroit dans le Moab
וָו	un crochet, une épingle, une cheville
וַיְזָתָא	Vaizatha
וָלָד	progéniture, enfant
וַנְיָה	Vaniah
וָפְסִי	Vophsi
וַשְׁנִי	Vashni
וַשְׁתִּי	Vashti

זְאֵב	(1) *Zeeb* (2) un loup
זָבָד	*Zabad*
זֶבֶד	dotation, don
זַבְדִי	*Zabdi*
זַבְדִיאֵל	*Zabdiel*
זְבַדְיָה	*Zebadiah*
זְבַדְיָהוּ	*Zebadiah*
זְבוּב	une mouche
זָבוּד	*Zabud*
זְבוּדָה	*Zebidah*
זְבוּלוּן	un fils de Jacob, ainsi que ses descendants et leur territoire
זְבוּלֹנִי	descendant de Zabulon
זֶבַח	(1) un sacrifice (2) un roi Midianite

זַבַּי	Zabbai
זְבִינָא	Zebina
זְבֻל	un officier d'Abimélek
זָג	peau (du raisin)
זָדוֹן	insolence, présomption
זָהָב	or
זָהַם	Zaham
זֹהַר	brillance, éclat
זִו	Ziv
זוּזִים	Zuzim
זָוִית	un coin
זְוָעָה	un tremblement, un objet de tremblement ou de terreur
זוֹב	une issue (de fluide)
זוֹחֵת	Zoheth
זָזָא	Zaza
זֵידוֹן	insolent, rageur
זִיז	(1) abondance, plénitude (2) choses en mouvement (c'est-à-dire les bêtes)
זִיזָא	Ziza
זִיזָה	Zizah

זִינָא	Zina
זִיעַ	Zia
זִיף	Ziph
זִיפָה	Ziphah
זִיפִי	Ziphite
זִיקָה	un missile, une étincelle
זַיִת	olivier, olive
זֵיתָן	Zethan
זַכּוּר	Zaccur
זָכוּר	homme
זְכוּכִית	verre
זַכַּי	Zaccai
זָכָר	homme
זֶכֶר	Zecher
זֵכֶר	souvenir, mémorial
זִכָּרוֹן	mémorial, souvenir
זִכְרִי	Zichri
זְכַרְיָה	Zacharie
זְכַרְיָהוּ	Zacharie

זְלוּת	inutilité
זַלְזַל	vrilles
זַלְעָפָה	chaleur furieuse
זִלְפָּה	Zilpah
זִמָּה	(1) un plan, un dispositif, la méchanceté (2) un nom isr.
זְמוֹרָה	branche, brindille, pousse
זַמְזֻמִּים	Zamzummin
זָמִיר	(1) chant (2) taille, élagage
זְמִירָה	Zemirah
זְמָן	temps fixé, temps
זֶמֶר	un mouton ou une chèvre de montagne
זִמְרָה	(1) produits de choix (2) mélodie, chant (à la louange de Yah)
זִמְרִי	Zimri
זִמְרָן	Zimran
זַן	genre, sorte
זָנָב	queue, extrémité, souche
זָנָה	prostituée
זְנוּנִים	fornication
זְנוּת	fornication

זָנוֹחַ	Zanoah
זֵעָה	sueur
זַעֲוָה	terreur, objet de tremblement ou de terreur
זַעֲוָן	Zaavan
זָעִיר	petit, petite
זַעַם	indignation
זַעַף	une tempête, une rage, un emportement
זְעָקָה	un cri, une protestation
זִפְרוֹן	Ziphron
זֶפֶת	poix
זֵק	une entrave
זָקָן	barbe, menton
זָקֵן	vieillesse
זִקְנָה	vieillesse
זְקֻנִים	vieillesse
זֵר	cercle, bordure
זָרָא	chose répugnante
זְרֻבָּבֶל	Zerubbabel
זֶרֶד	Zered

זֵרוּעַ	une semence, une chose semée
זְרוֹעַ	bras, épaule, force
זַרְזִיף	une goutte, goutte à goutte
זַרְזִיר	ceinturé
זֶרַח	(1) une aube, un éclat (2) *Zerah*
זַרְחִי	un Zerahite
זְרַחְיָה	*Zerahiah*
זֶרֶם	un déluge de pluie, une tempête de pluie, une averse
זִרְמָה	une émission (un fluide)
זֶרַע	un semis, une graine, une progéniture
זֵרְעֹנִים	un légume
זֶרֶשׁ	*Zeresh*
זֶרֶת	une étendue
זַתּוּא	*Zattu*
זֵתָם	*Zetham*
זֵתַר	*Zethar*

חֹב	sein
חֹבָב	*Hobab*
חֶבָּה	*Hubbah*
חַבּוּרָה	une bande, un coup
חָבוֹר	*Habor*
חֲבָיָה	*Habaiah*
חֶבְיוֹן	une cachette
חֲבֹל	un gage
חִבֵּל	un mât
חֶבֶל	(1) cordon, territoire, bande (2) destruction
חֵבֶל	une douleur, une contrariété
חֹבֵל	un marin
חֲבָלָה	un engagement

חֲבָלִים	union
חֲבַצֶּלֶת	safran des prés ou crocus
חֲבַצִּנְיָה	*Habazziniah*
חָבַק	joindre, plier (les mains)
חֲבַקּוּק	*Habakkuk*
חָבֵר	compagnon
חָבָר	associé, partenaire (dans un métier)
חֶבֶר	(1) *Heber* (2) compagnie, association, sort
חֲבַרְבֻּרָה	rayure, marque,
חֶבְרָה	association, société
חֶבְרוֹן	*Hébron*
חֶבְרוֹנִי	un Hébronite
חֶבְרִי	*Hébérites*
חֲבֶרֶת	consort
חֹבֶרֶת	chose qui se joint ou qui est jointe
חֲבִתִּים	gâteaux plats, galettes de pain
חַג	un rassemblement de fête, un festin, une fête de pèlerin
חָגָא	un moulinet
חָגָב	(1) criquet, sauterelle (2) *Hagab*

חֲגָבָה	Hagabah
חֲגָוִים	lieux de dissimulation, retraites
חֲגוֹר	une ceinture, une gaine
חֲגוֹרָה	une gaine, une couverture, une ceinture
חַגַּי	Haggai
חַגִּי	Haggi
חַגִּיָּה	Haggiah
חַגִּית	Haggith
חָגְלָה	Hoglah
חֲדַד	Hadad
חַדּוּד	aiguisé, tranchant, pointu
חֶדְוָה	joie
חָדִיד	Hadid
חֶדֶל	monde
חֶדְלַי	Hadlai
חֶדֶק	une bruyère
חִדֶּקֶל	Hiddekel
חֶדֶר	une chambre, une pièce
חַדְרָךְ	Hadrach

חֹדֶשׁ	la nouvelle lune, un mois
חֲדָשָׁה	*Hadashah*
חוּג	voûte, horizon
חַוָּה	(1) "vie", la première femme (2) un village de tentes
חוּט	fil, corde, ligne
חִוִּי	Hivites
חֲוִילָה	*Havilah*
חוּל	*Hul*
חוּפָם	*Hupham*
חוּפָמִי	*Huphamites*
חוּץ	l'extérieur, une rue
חוּקֹק	*Hukkok*
חוּר	(1) un trou (2) *Hur* (3) une substance blanche
חוּרַי	*Hurai*
חוּרִי	*Huri*
חוּרָם	*Huram*
חוּרָם אָבִי	*Huram-abi*
חַוְרָן	*Hauran*
חוּשָׁה	*Hushah*

חוּשַׁי	*Hushai*
חוּשִׁים	*Hushim*
חוּשָׁם	*Husham*
חוֹב	dette
חוֹבָה	*Hobah*
חוֹזַי	*Hozai*
חוֹחַ	bruyère, ronce, crochet, anneau, entrave
חוֹל	sable
חוֹמָה	un mur
חוֹף	rivage, côte
חוֹרִי	substance blanche
חוֹרֹנַיִם	*Horonaim*
חוֹתָם	(1) *Hotham* (2) un sceau, une chevalière
חֲזָאֵל	*Hazael*
חָזֶה	poitrine (des animaux)
חֹזֶה	voyant
חָזוּת	vision, visibilité
חֲזוֹ	*Hazo*
חָזוֹן	vision

חָזוּת	vue, visibilité
חֲזִיאֵל	Haziel
חֲזָיָה	Hazaiah
חִזָּיוֹן	vision
חֶזְיוֹן	Hezion
חָזִיז	coup de tonnerre, éclair
חֲזִיר	porc, sanglier
חֵזִיר	Hezir
חָזָק	force
חֹזֶק	force
חָזְקָה	force, violence
חֶזְקָה	force, puissance
חִזְקִי	Hizki
חִזְקִיָּה	Hezekiah
חִזְקִיָּהוּ	Hezekiahu
חָח	épine, crochet, péroné
חֵטְא	un péché
חֲטָאָה	chose pécheresse, péché
חַטָּאָה	péché, offrande de péché

חָטָאָה	manquer, s'égarer, pécher
חַטָּאת	péché, offrande du péché
חֲטֻבוֹת	choses de couleur sombre
חִטָּה	blé
חִטּוּשׁ	trois Isr.
חֲטִיטָא	Hatita
חַטִּיל	Hattil
חֲטִיפָא	Hatipha
חֹטֶר	branche ou brindille, une tige
חִיאֵל	Hiel
חִידָה	une énigme, un énoncé ou une question énigmatique, perplexe
חַיָּה	(1) être vivant, animal (2) communauté
חַיּוּת	vivant
חַיִל	pouvoir, force, richesse, armée
חִיל	un tortillard, une angoisse
חֵיל	un rempart, une forteresse
חִילָה	angoisse
חִילֵז	Hilen
חֵילֵךְ	ton armée

חֵילָם	Helam
חִין	beauté, grâce
חַיִץ	un mur de fête
חֵיק	poitrine
חִירָה	Hirah
חִירוֹם	Hiram
חִירֹת	Hahiroth
חַכָּה	un crochet, un hameçon
חֲכִילָה	Hachilah
חֲכַלְיָה	Hacaliah
חַכְלִלוּת	étincelant
חָכְמָה	sagesse
חַכְמוֹנִי	Hachmonite
חָכְמוֹת	sagesse
חֵךְ	palais, palais de la bouche, gencives
חֹל	profanation, banalité
חֶלְאָה	(1) rouille (2) Helah
חָלָב	lait
חֵלֶב	graisse

חֶלְבָּה	*Helbah*
חֶלְבּוֹן	*Helbon*
חֶלְבְּנָה	gomme (un type utilisé dans l'encens)
חֶלֶד	durée, monde
חֵלֶד	*Heled*
חֹלֶד	belette
חֻלְדָּה	*Huldah*
חֶלְדַּי	*Heldai*
חַלָּה	un gâteau (un type utilisé dans les offrandes)
חֲלוּשָׁה	faiblesse, prostration
חֲלוֹם	un rêve
חַלּוֹן	une fenêtre
חֹלוֹן	*Holon*
חֲלַח	*Halah*
חַלְחוּל	*Halhul*
חַלְחָלָה	angoisse
חֳלִי	maladie
חֲלִי	(1) un ornement (2) *Hali*
חֶלְיָה	bijou

חֲלִיפָה	un changement
חֲלִיצָה	ce dont on se dépouille (une personne)
חֶלְכָה	infortuné, malheureux
חֵלֶם	*Helem*
חַלָּמוּת	(une plante), un pourpier
חַלָּמִישׁ	silex
חֵלֹן	un homme de Zébulon
חֶלֶץ	*Helez*
חֲלָצַיִם	reins
חָלָק	lisse
חֵלֶק	(1) *Helek*, un Galaadite (2) douceur, séduction (3) portion, étendue, territoire
חֶלְקָה	partie, portion
חֶלְקָה	(1) une portion (de terrain) (2) partie lisse, douceur, flatterie
חֶלְקַי	*Helkai*
חֶלְקִי	Hélékites
חִלְקִיָּה	*Hilkiah*
חִלְקִיָּהוּ	*Hilkiah* ("ma part est Yah")
חֲלַקְלַקּוֹת	douceur
חֶלְקַת	*Helkath*

חֶלְקַת הַצֻּרִים	Helkath-hazzurim
חֹם	chaleur
חֶמְאָה	caillebotte
חֶמֶד	désir, plaisir
חֶמְדָּה	désir, plaisir
חַמְדָּן	Hemdan
חַמָּה	chaleur, soleil
חֵמָה	chaleur, rage
חַמּוּאֵל	Hammuel
חֲמוּטַל	Hamutal
חָמוּל	épargné, petit-fils de Juda
חָמוּץ	rouge vif, ou couleurs vives
חַמּוּק	courbé, courbe
חַמּוֹן	Hammon
חָמוֹץ	les impitoyables (ceux)
חֲמוֹר	un âne mâle
חָמוֹת	la mère du mari
חֹמֶט	(une sorte de) lézard
חֻמְטָה	Humtah

חֶמְלָה	compassion
חֶמְלָה	compassion, miséricorde
חַמָּן	encens-altar
חָמָס	violence, mal
חָמֵץ	ce qui est fermenté
חֹמֶץ	vinaigre
חֶמֶר	vin
חֵמָר	bitume, asphalte
חֹמֶר	(1) un tas (2) ciment, mortier, argile (3) *homer* (une mesure sèche)
חַמְרָן	Amram
חֹמֶשׁ	(1) ventre (2) cinquième partie
חַמַּת	Hammath
חֲמָת	Hamath
חֵמֶת	une peau d'eau
חֲמָתִי	Hamathite
חַמֹּת דֹּאר	Hammoth-dor
חֲמָת צוֹבָה	Hamath-zobah
חֲמָת רַבָּה	Hamath le grand
חֵן	faveur, grâce

חֲנָדָד	Henadad
חַנָּה	Hannah
חָנוּן	Hanun
חָנוּת	une cellule, une voûte
חֲנוֹךְ	Enoch
חֲנָטִים	embaumement
חַנִּיאֵל	Hanniel
חָנִיךְ	formé, essayé, expérimenté
חֲנִינָה	faveur
חֲנִית	une lance
חֲנֻכָּה	dévouement, consécration
חֲנֹכִי	Hanochites
חֲנַמְאֵל	Hanamel
חֲנָמָל	dédier, inaugurer
חָנָן	Hannah ("gracieuse")
חֲנַנְאֵל	Hananel
חֲנָנִי	Hanani
חֲנַנְיָה	(1) Hananiah ("Yah a été miséricordieux")
חֲנַנְיָהוּ	Hananiah

חָנֵס	Hanes
חֹנֶף	profanation
חֲנֻפָּה	profanation, pollution
חַנָּתֹן	Hannathon
חֶסֶד	bonté, gentillesse
חֲסַדְיָה	Hasadiah
חֹסָה	Hosah
חָסוּת	refuge
חֲסִידָה	cigogne
חָסִיל	(une sorte de) sauterelle
חֹסֶן	richesse, trésor
חֶסֶר	manque, pauvreté
חֹסֶר	besoin, manque
חַסְרָה	Hasrah
חֶסְרוֹן	une chose qui manque, une déficience
חֻפָּה	(1) un dais, une chambre (2) Huppah
חִפָּזוֹן	trépidation, fuite précipitée
חֻפִּים	Huppim
חֹפֶן	le creux de la main

חָפְנִי	Hophni
חֵפֶץ	délice, plaisir
חֶפְצִי־בָהּ	Hephzibah
חֵפֶר	Hepher
חֶפְרִי	Hépher
חֲפָרַיִם	Hapharaïm
חָפְרַע	Hophra
חֲפַרְפָּרָה	mégère
חֵפֶשׂ	un dispositif, une intrigue
חֹפֶשׁ	une propagation
חֻפְשָׁה	liberté
חָפְשׁוּת	liberté, séparation
חָפְשִׁית	liberté, séparation
חֵץ	flèche
חֹצֵב	tailleur de pierre
חָצוֹר	Hazor
חָצוֹר חֲדַתָּה	Hazor-hadattah
חֲצוֹת	division, milieu
חֲצִי	moitié

חֵצִי	flèche
חָצִיר	(1) l'herbe verte, le gazon (2) une demeure fixe, une hantise
חֹצֶן	sein
חָצָץ	gravier, cailloux
חַצְצוֹן תָּמָר	Hazazon-tamar
חֲצֹצְרָה	trompette
חָצֵר	(1) résidence fixe, village (2) enceinte, cour
חֲצַר־אַדָּר	Hazaraddar
חֶצְרוֹ	Hezro
חֶצְרוֹן	Hezron
חֶצְרוֹנִי	Hezronites
חֲצֵרוֹת	un endroit dans le désert
חֲצַרְמָוֶת	Hazarmaveth
חֲצַר גַּדָּה	Hazar-gaddah
חָצֵר הַתִּיכוֹן	Hazer-hatticon
חֲצַר סוּסָה	Hazar-susah
חֲצַר עֵינָן	Hazar-enan
חֲצַר שׁוּעָל	Hazar-shual
חֹק	quelque chose de prescrit ou de dû, une loi

חֻקָּה		quelque chose de prescrit, un texte législatif, une loi
חֲקוּפָא		*Hakupha*
חֵקֶר		une recherche, une chose (à) rechercher
חֹר		trou
חֹר		un noble
חֲרָאִים		bouse
חֶרֶב		une épée
חֹרֶב		(1) désolation (2) aridité, sécheresse, chaleur
חֹרֵב		*Horeb*
חָרָבָה		terre sèche
חָרְבָּה		déchets, désolation, ruine
חֶרָבוֹן		sécheresse
חַרְבוֹנָא		*Harbona*
חַרְגֹּל		(une sorte de) sauterelle
חֲרָדָה		(1) tremblement, peur, anxiété (2) *Haradah*
חֲרֹדִי		*Harodite*
חַרְהֲיָה		*Harhaiah*
חֲרוּזִים		collier de coquillages
חָרוּל		mauvaise herbe, pois chiche

חֲרוּמַף	Harumaph
חֲרוּפִי	Haruphite
חָרוֹן	(brûler de) colère
חַרְחוּר	Harhur
חַרְחַס	Harhas
חַרְחֻר	chaleur violente, fièvre
חֶרֶט	outil de gravure, stylet
חַרְטֹם	(1) graveur, écrivain (2) magicien
חָרִי	brûlant
חֹרִי	(1) Hori (2) blanc (pain)
חָרִיט	sac, bourse
חָרִיף	Hariph
חֲרִיפִי	Haruphite
חָרִיץ	une coupe, une chose coupée, un instrument tranchant
חָרִישׁ	un labour, temps de labourage
חֲרָךְ	treillis
חָרִם	consacré, le nom de plusieurs Isr.
חֳרֵם	Horem
חֵרֶם	(1) un filet (2) chose consacrée, dévotion, interdiction

חָרְמָה	asile, un lieu à Siméon
חֶרְמוֹן	*Hermon*
חֶרְמֵשׁ	une faucille
חָרָן	(1) *Haran* (2) fils de Caleb
חֹרֹנִי	Horonite
חַרְנֶפֶר	*Harnepher*
חֶרֶס	(1) (une maladie éruptive) démangeaison (2) *Heres* (3) le soleil
חַרְסִית	casseroles
חָרֵף	*Hareph*
חֹרֶף	temps de la récolte, automne
חֶרְפָּה	un reproche
חַרְצֹב	lien, entrave, gêne
חַרְצָן	raisins non mûrs
חֲרֵרִים	lieu desséché
חֶרֶשׂ	faïence, récipient en terre, tesson, poterie
חָרָשׁ	graveur, artificier
חֶרֶשׁ	(1) silencieusement, secrètement (2) *Heresh*
חֹרֶשׁ	bois, hauteur boisée
חַרְשָׁא	*Harsha*

חׇרְשָׁה	Horesh
חֲרֹשֶׁת	sculpture
חֲרֹשֶׁת הַגּוֹיִם	Harosheth-hagoyim
חֶרֶת	Hereth
חֹר הַגִּדְגָּד	Hor-haggidgad
חֲשׂוּפָא	Hasupha
חָשֻׂף	petit
חֵשֶׁב	travail ingénieux
חֹשֵׁב	ouvrier du textile, technicien
חַשְׁבַּדָּנָה	Hashbaddanah
חֲשֻׁבָה	Hashubah
חִשָּׁבוֹן	dispositif, invention
חֶשְׁבּוֹן	(1) *Heshbon*, un endroit à l'est du Jourdain (2) un décompte, un compte.
חֲשַׁבְיָה	Hashabiah
חֲשַׁבְיָהוּ	Hashabiah
חֲשַׁבְנָה	Hashabnah
חֲשַׁבְנְיָה	Hashabneiah
חַשּׁוּב	Hasshub
חָשׁוּק	filet ou anneau enserrant un pilier du tabernacle

חֻשִׁים	Hushim
חֲשֵׁכָה	ténèbres
חֹשֶׁךְ	ténèbres
חָשֻׁם	Hashum
חֶשְׁמוֹן	Heshmon
חַשְׁמַל	ambre
חַשְׁמַן	ambassadeur
חַשְׁמֹנָה	Hashmonah
חֹשֶׁן	cuirasse, plastron
חָשֻׁק	rayons (d'une roue)
חֵשֶׁק	désir
חִשֻּׁר	rayon d'une roue
חֲשָׁרָה	collection, masse
חֲשַׁשׁ	paille
חֻשָׁתִי	un habitant de Hushah
חֵת	Heth
חִתָּה	terreur
חִתּוּל	un bandage
חֲתַחַת	terreur

חִתִּי	desc. de Heth
חִתִּית	terreur
חֲתֻלָּה	bande d'emmaillotage
חֶתְלֹן	*Hethlon*
חֹתֶמֶת	un sceau
חָתָן	mari de la fille, époux
חֹתֵן	beau-père
חֲתֻנָּה	mariage, noces
חֹתֶנֶת	se faire le mari d'une fille
חֶתֶף	proie
חֲתַת	(1) *Hathath* (2) terreur

טָבְאֵל	Tabeel
טָבְאֵל	Tabeel
טָבוּל	un turban
טַבּוּר	partie supérieure, centre
טַבָּח	cuisinier, garde du corps
טֶבַח	(1) *Tebah* (2) abattage, massacre
טַבָּחָה	cuisinière
טִבְחָה	chose abattue, viande abattue, abattage
טִבְחַת	Tibhath
טְבַלְיָהוּ	Tebaliah
טַבָּעוֹת	Tabbaoth
טַבַּעַת	chevalière, bague
טַבְרִמֹּן	Tabrimon

טַבָּת	Tabbath
טֵבֵת	Tebeth
טֹהַר	pureté, purification
טָהֵר	propreté
טָהֳרָה	purifier, nettoyer
טוּב	bonnes choses, biens, bonté
טוּר	(1) montagne (2) une rangée
טוֹבָה	bien-être, avantage, bonnes choses, bien
טוֹבִיָּה	Tobiah
טוֹבִיָּהוּ	Tobijah
טוֹב אֲדוֹנִיָּה	Tobadonijah
טוֹטָפוֹת	bandes
טְחוֹן	moulin, moulin à main
טְחוֹת	parties intérieures
טַחֲנָה	un moulin
טֹחֲנָה	femmes meunières, molaires
טְחֹרִים	hémorroïde, tumeur
טִיחַ	un revêtement
טִיט	boue, fange, argile

טִירָה	campement, rempart
טַל	brume nocturne, rosée
טְלָאִים	Telaim
טָלֶה	un agneau
טַלְטֵלָה	un hurlement
טֶלֶם	Telem
טַלְמוֹן	Talmon
טֻמְאָה	impureté
טֶנֶא	un panier
טַעַם	goût, jugement
טַף	enfants
טְפוּחִים	dandinement
טֶפַח	une portée, une largeur de main, un chaperon
טֹפַח	une portée, une largeur de main
טְפָחָה	largeur de main, envergure
טִפְסָר	un scribe, un maréchal
טָפַת	Taphath
טֹרַח	un fardeau
טֶרֶף	une proie, de la nourriture, une feuille

טְרֵפָה   animal déchiré, chair déchirée

יַאֲזַנְיָה	Jaazaniah
יַאֲזַנְיָהוּ	Jaazaniah
יָאִיר	il éclaire, trois Isr.
יְאֹר	cours d'eau (du Nil), ruisseau, canal
יָאִרִי	Jairite
יֹאשִׁיָּה	Josias
יֹאשִׁיָּהוּ	(1) contrefort (2) Yahvé
יְאָתְרַי	Jeatherai
יְבוּל	produit (du sol)
יְבוּס	un ancien nom de Jer.
יְבוּסִי	Jébusite
יִבְחָר	Ibhar
יָבִין	Jabin

יָבָל	(1) *Jabal* (2) cours d'eau, ruisseau
יִבְלְעָם	*Ibleam*
יַבֶּלֶת	écoulement, suppuration
יָבָם	frère du mari
יְבָמָה	femme du frère, belle-sœur
יַבְנְאֵל	*Jabneel*
יַבְנֶה	*Jabneh*
יִבְנְיָה	*Ibneiah*
יַבֹּק	*Jabbok*
יְבֶרֶכְיָהוּ	*Jeberechiah*
יִבְשָׂם	*Ibsam*
יַבָּשָׁה	terre sèche, sol sec
יַבֶּשֶׁת	(1) terre (2) terre sèche, sol sec
יָבֵשׁ גִּלְעָד	*Jabesh-gilead*
יִגְאָל	*Igal*
יָגֵב	un champ
יָגְבְּהָה	*Jogbehah*
יִגְדַּלְיָהוּ	*Igdaliah*
יָגוּר	*Jagur*

יָגוֹן		peine, chagrin
יְגִיעַ		labeur, produit
יְגִיעָה		lassant
יִגְלִי		Jogli
יֶגַע		un gain
יָד		main
יִדְאֲלָה		Idalah
יִדְבָּשׁ		Idbash
יְדִדוּת		amour
יַדּוּעַ		Jaddua
יְדוּתוּן		chef d'un chœur du temple
יִדּוֹ		Iddo
יָדוֹן		Jadon
יַדַּי		Jaddai
יְדִידָה		Jedidah
יְדִידוּת		chant d'amour
יְדִידְיָה		Jedidiah
יְדָיָה		Jedaiah
יְדִיעֲאֵל		Jediael

יִדְלָף	Jidlaph
יָדָע	Jada
יְדַעְיָה	Jedaiah
יִדְּעֹנִי	esprit familier
יָהּ	le nom du Dieu d'Israël
יְהַב	beaucoup, ce qui est donné
יְהֻד	Jehud
יֶהְדָּי	Jahdai
יֵהוּא	Jéhu ("l'Éternel est Lui")
יְהוּדָה	Juda ("loué")
יְהוּדִי	Judéen, Juif
יְהוּדִית	Judith
יהוה	Yahweh, Jéhovah, Éternel
יְהוּכַל	Jehucal
יְהוֹאָחָז	Jehoahaz ("Yah a saisi")
יְהוֹאָשׁ	Yah est fort, le nom de plusieurs Isr.
יְהוֹזָבָד	Jehozabad
יְהוֹחָנָן	Jehohanan ("l'Éternel a été miséricordieux")
יְהוֹיָדָע	Jehoiada ("l'Éternel sait")

יְהוֹיָכִין	Jehoiachin
יְהוֹיָקִים	Jehoiakim ("l'Éternel relève")
יְהוֹיָרִיב	Jehoiarib
יְהוֹנָדָב	Jonadab
יְהוֹנָתָן	Jonathan ("l'Éternel a donné")
יְהוֹסֵף	Joseph
יְהוֹעַדָּה	Jehoaddah
יְהוֹעַדִּין	Jehoaddan
יְהוֹעַדָּן	Jehoaddin
יְהוֹצָדָק	Jehozadak
יְהוֹרָם	Jehoram ("l'Éternel est exalté")
יְהוֹשֶׁבַע	Jehosheba
יְהוֹשׁוּעַ	Josué
יְהוֹשָׁפָט	Jehoshaphat ("l'Éternel a jugé")
יְהַלֶּלְאֵל	Jehallelel
יָהֲלֹם	pierre précieuse
יַהַץ	Jahaz
יוּבַל	un ruisseau
יוּכַל	Jucal

יָוָן	Javan
יָוֵן	fange
יְוָנִי	Javanite
יוּשַׁב חֶסֶד	Jushab-hesed
יוֹאָב	Joab ("l'Éternel est père")
יוֹאָח	Joah
יוֹאָחָז	Joahaz
יוֹאֵל	Joel ("l'Éternel est Dieu")
יוֹאָשׁ	Joash
יוֹב	Iob
יוֹבָב	Jobab
יוֹבֵל	un bélier, une corne de bélier (un instrument à vent)
יוֹזָבָד	Jozabad
יוֹחָא	Joha
יוֹחָנָן	Johanan
יוֹיָדָע	Joiada
יוֹיָכִין	Jehoiachin
יוֹיָקִים	Joiakim
יוֹיָרִיב	Joiarib

יוֹכֶבֶד	Jochebed
יוֹם	jour, heure
יוֹנָדָב	Jonadab
יוֹנָה	(1) colombe (2) *Jonah*
יוֹנֵק	une jeune plante, un jeune arbre
יוֹנֶקֶת	une jeune pousse, un rameau
יוֹנָתָן	Jonathan
יוֹסֵף	*Joseph* (il augmente), un fils de Jacob, également le nom de plusieurs Isr.
יוֹסִפְיָה	Josiphiah
יוֹעֵאלָה	Joelah
יוֹעֵד	Joed
יוֹעֶזֶר	Joezer
יוֹעֵץ	potier, fondeur
יוֹעָשׁ	Joash
יוֹצֵאת	sortie, perte
יוֹצָדָק	Jozadak
יוֹצֵר	potier, fondeur
יוֹקִים	Jokim
יוֹרָה	Jorah

יוֹרֶה	la pluie précoce
יוֹרַי	*Jorai*
יוֹרָם	*Joram*
יוֹשִׁבְיָה	*Joshibiah*
יוֹשָׁה	*Joshah*
יוֹשַׁוְיָה	*Joshaviah*
יוֹשָׁפָט	*Josaphat*
יוֹתָם	*Jotham* ("l'Éternel est parfait")
יוֹתֵר	supériorité, avantage, excès
יְזִיאֵל	*Jeziel*
יִזִּיָּה	*Izziah*
יָזִיז	*Jaziz*
יִזְלִיאָה	*Izliah*
יְזַנְיָה	*Jezaniah*
יְזַנְיָהוּ	*Jezaniah*
יֶזַע	sueur
יִזְרַח	*Izrahite*
יִזְרַחְיָה	*Izrahiah*
יִזְרְעֶאל	*Jezreel*

יִזְרְעֵאלִי	Jezréélites
יֶחְבָּה	Jehubbah
יַחְדּוֹ	Jahdo
יַחְדִּיאֵל	Jahdiel
יֶחְדְּיָהוּ	Jehdeiah
יַחֲזִיאֵל	Jahaziel
יַחְזְיָה	Jahzeiah
יְחֶזְקֵאל	Jehezkel
יְחִזְקִיָּה	Ezéchias
יְחִזְקִיָּהוּ	Ezéchias
יַחְזְרָה	Jahzerah
יְחִיאֵל	que Dieu vive, le nom d'un certain nombre d'Isr.
יְחִיָּה	Jehiah
יַחֲלְאֵל	Jahleel
יַחְמוּר	un chevreuil
יַחְמַי	Jahmai
יַחְצְאֵל	Jahzeel
יַחְצִיאֵל	Jahziel
יַחַשׂ	généalogie

יַחַת	Jahath
יָטְבָה	Jotbah
יָטְבָתָה	agrément, lieu dans le désert
יֻטָּה	Juttah
יְטוּר	Jetur
יַיִן	vin
יְכִילְיָה	Jechiliah
יָכִין	Jachin
יָכִינִי	Jachinite
יְכָלְיָה	Jechiliah
יְכָלְיָהוּ	Jecoliah
יְכָנְיָה	Jeconiah
יְכָנְיָהוּ	Jeconiah
יֶלֶד	enfant, fils, garçon, jeune
יַלְדָּה	fille, jeune fille
יַלְדוּת	enfance, jeunesse
יָלוֹן	Jalon
יָלִיד	né
יְלֵל	un hurlement

יְלָלָה	un hurlement
יַלֶּפֶת	gale, tache (une maladie éruptive)
יֶלֶק	(une sorte de) criquet
יַלְקוּט	réceptacle, un porte-monnaie
יָם	mer
יְמוּאֵל	Jemuel
יְמוֹנִי	à droite
יְמִימָה	Jemimah
יָמִין	main droite
יְמִינִי	Jaminite
יִמְלָא	père du prophète Micaiah
יַמְלֵךְ	Jamlech
יֵמִם	des sources d'eau chaude
יִמְנָה	Imnah
יִמְנָע	Imna
יִמְרָה	Imrah
יָנוּם	Janum
יָנוֹחַ	Janoah
יָנִים	Janum

יְנִיקָה	une jeune pousse, une brindille
יַנְשׁוּף	hibou
יְסַד	fondation, début
יְסוּדָה	fondation
יְסוֹד	fondation, base
יִסּוֹר	celui qui réprimande, qui corrige les erreurs
יִסְכָּה	*Iscah*
יִסְמַכְיָהוּ	*Ismachiah*
יָסֹר	instruction
יָע	une pelle
יַעְבֵּץ	un descendant de Juda, aussi un lieu en Juda
יֶעְדּוֹ	*Iddo*
יְעוּאֵל	*Jeuel*
יְעוּץ	*Jeuz*
יְעוּשׁ	*Jeush*
יַעֲזִיאֵל	*Jaaziel*
יַעֲזִיָהוּ	*Jaaziah*
יַעְזֵר	*Jazer*
יָעִיר	*Jair*

יְעִישׁ	Jeush
יַעְכָּן	Jachan
יָעֵל	(1) *Jaël* (2) chèvre de montagne
יַעְלָא	Jaalah
יַעֲלָה	chèvre de montagne femelle
יַעְלָם	Jalam
יָעֵן	autruche
יַעֲנָה	autruche
יַעְנַי	Janai
יָעֵף	fatigue, évanouissement
יַעֲקֹב	Jacob, un fils d'Isaac
יַעֲקֹבָה	Jaakobah
יַעֲקָן	Jakan
יַעַר	(1) bois, forêt, fourré (2) rayon de miel
יַעְרָה	nid d'abeille
יַעְרָה	Jarah
יְעָרִים	Jearim
יַעֲרֵי אֹרְגִים	Jaare-oregim
יַעֲרֶשְׁיָה	Jaareshiah

יַעֲשׂוּ	Jaasu
יַעֲשָׂי	Jaasu
יַעֲשִׂיאֵל	Jaasiel
יִפְדְיָה	Iphdeiah
יָפוֹ	Jaffa
יֳפִי	beauté
יָפִיעַ	Japhia
יַפְלֵט	Japhlet
יַפְלֵטִי	Japhletitas
יְפֻנֶּה	Jephunneh
יִפְעָה	éclat, splendeur
יֶפֶת	fils de Noé
יִפְתָּח	Jephthah
יִצְהָר	(1) huile fraîche (2) Izhar
יָצוּעַ	un divan, un lit
יִצְחָק	Isaac ("il rit"), fils d'Abraham et de Sarah
יִצְחַר	Izhar
יָצִיא	sortie
יָצִיעַ	extension d'une maison

יִצְקָה	une coulée
יֵצֶר	(1) *Jezer* (2) une forme, un encadrement, un but
יְצָרִים	formes, membres
יֶקֶב	cuve à vin
יֶקֶב־זְאֵב	presse à vin de Zeeb
יְקַבְצְאֵל	*Jekabzeel*
יְקֹד	un feu
יָקְדְעָם	*Jokdeam*
יָקֶה	*Jakeh*
יִקָּהָה	obéissance
יָקוּד	cheminée
יְקוּם	substance, existence
יְקוּתִיאֵל	*Jekuthiel*
יָקוֹשׁ	un oiseleur, un trappeur
יָקְטָן	*Joktan*
יָקִים	*Jakim*
יְקַמְיָה	*Jekamiah*
יָקְמְעָם	*Jokmeam*
יְקַמְעָם	*Jekameam*

יָקְנְעָם	Jokneam
יָקָר	préciosité, prix, honneur
יָקְשָׁן	Jokshan
יָקְתְאֵל	Joktheel
יִרְאָה	une peur
יִרְאוֹן	Yiron
יִרְאִיָּה	Irijah
יָרֵב	Jareb
יְרֻבַּעַל	Jerubbaal
יָרָבְעָם	Jéroboam ("le peuple augmente")
יְרֻבֶּשֶׁת	Jerubbesheth
יֶרֶד	Jered
יַרְדֵּן	Jordan, le principal fleuve du Pal.
יְרוּאֵל	Jeruel
יְרוּשָׁא	Jérusha
יְרוּשָׁלַם	Jérusalem
יָרוֹחַ	Jaroah
יָרוֹק	une chose verte
יֶרַח	lune

יֶרַח	(1) mois (2) *Jérah*
יְרִחוֹ	ville de la vallée du Jourdain prise par Josué
יְרֹחָם	*Jehoram* ("qu'Il soit compatissant")
יְרַחְמְאֵל	*Jerahmeel*
יְרַחְמְאֵלִי	*Jerahmeelites*
יַרְחָע	*Jarha*
יְרִיאֵל	*Jeriel*
יָרִיב	(1) *Jarib* (2) opposant, adversaire
יְרִיבַי	*Jeribai*
יְרִיָּה	*Jerijah*
יְרִיָּהוּ	*Jeriah*
יְרִימוֹת	*Jerimoth*
יְרִיעָה	rideau
יְרִיעוֹת	*Jerioth*
יְרֵכָה	flanc, côté
יָרֵךְ	cuisse, longe, côté, base
יַרְמוּת	*Jarmuth*
יְרֵמוֹת	*Jeremoth*
יְרֵמַי	*Jeremai*

יִרְמְיָה	Jeremiah ("Yah loosens")
יִרְמְיָהוּ	Jérémie
יִרְפְּאֵל	Irpeel
יָרָק	herbes
יֶרֶק	vert, verdeur
יֵרָקוֹן	mildiou, pâleur, lividité
יָרְקְעָם	Jorkeam
יְרֻשָּׁה	possession, héritage
יְרֵשָׁה	possession
יִשְׂחָק	Isaac
יְשִׂימִאֵל	Jesimiel
יִשְׂרָאֵל	Israël ("Dieu s'efforce")
יְשַׂרְאֵלָה	Jesharelah
יִשְׂרְאֵלִי	Israélite
יִשָּׂשכָר	Issachar ("il y a une récompense")
יֶשְׁבְּאָב	Jeshebeab
יִשְׁבּוֹ בְּנֹב	Ishbi-benob
יִשְׁבָּח	Ishbah
יִשְׁבִּי בְּנֹב	Ishbi-benob

יָשֻׁבִי לֶחֶם	Jashubi-lehem
יָשָׁבְעָם	Jashobeam
יִשְׁבָּק	Ishbak
יָשָׁבְקָשָׁה	Joshbekashah
יֹשֵׁב בַּשֶּׁבֶת	Josheb-basshebeth
יָשׁוּב	Jashub
יָשׁוּבִי	Jashubitas
יִשְׁוָה	Ishvah
יִשְׁוִי	Ishvah
יֵשׁוּעַ	Jeshua
יְשׁוּעָה	salut
יְשׁוֹחָיָה	Jeshohaiah
יֶשַׁח	le vide
יִשַׁי	père de David
יִשִׁיָּה	Ishiah
יִשִׁיָּהוּ	Ishiah
יְשִׁימוֹת	dévastation
יְשִׁימוֹן	déchets, désert
יְשִׁישַׁי	Jeshishai

יִשְׁמָא	Ishma
יִשְׁמָעֵאל	Dieu entend, le nom de plusieurs Isr.
יִשְׁמְעֵאלִי	Ismaélite
יִשְׁמַעְיָה	Ishmaiah
יִשְׁמַעְיָהוּ	Ishmaiah
יִשְׁמְרַי	Ishmerai
יְשָׁנָה	Jeshanah
יֵשַׁע	salut, délivrance
יִשְׁעִי	Ishi
יְשַׁעְיָה	Jeshaiah
יְשַׁעְיָהוּ	Isaiah
יְשֻׁפֶה	salut, délivrance
יִשְׁפָּה	Ishpah
יִשְׁפָּן	Ishpan
יֵשֶׁר	Jesher
יֹשֶׁר	droit, droiture
יִשְׁרָה	droiture
יְשֻׁרוּן	droit, droiture, nom poétique d'Isr.
יָתֵד	une cheville, une épingle

יָתוֹם	un orphelin
יַתִּיר	Jattir
יִתְלָה	Ithlah
יִתְמָה	Ithmah
יַתְנִיאֵל	Jathniel
יִתְנָן	Ithnan
יֶתֶר	(1) un cordon (2) reste, excès, prééminence
יִתְרָא	Ithra
יִתְרָה	abondance, richesse
יִתְרוֹ	Jethro
יִתְרוֹן	avantage, profit
יִתְרִי	descendant de Jethro
יִתְרָן	Ithran
יִתְרְעָם	Ithream
יֹתֶרֶת	appendice
יְתֵת	Jetheth

כְּאֵב	une douleur
כֹּבֶד	lourdeur, masse
כְּבֵדֻת	lourdeur
כְּבוּדָּה	abondance, richesse
כָּבוּל	Cabul
כָּבוֹד	abondance, honneur, gloire
כַּבּוֹן	Cabbon
כָּבִיר	chose en filet, couette ou moustiquaire sur le visage d'une personne endormie
כֶּבֶל	une entrave
כְּבָרָה	un tamis
כֶּבֶשׂ	un agneau
כִּבְשָׂה	agneau de brebis
כֶּבֶשׁ	un pouf

כִּבְשָׁן	un four
כַּד	une jarre
כַּדּוּר	comme une boule
כַּדְכֹּד	(une pierre précieuse) un rubis
כְּדָרְלָעֹמֶר	Chedorlaomer
כֵּהָה	diminution, allègement
כֹּהֵן	prêtre
כְּהֻנָּה	prêtrise
כּוּב	Chub
כְּוִיָּה	une brûlure
כּוּמָז	(un ornement en or) un bracelet
כַּוָּן	un gâteau, gâteau sacrificiel
כּוּן	Chun
כּוֹנַנְיָהוּ	Conaniah
כּוּר	creuset ou fourneau
כּוּשׁ	Cush
כּוּשִׁי	Cushite
כּוּשָׁן	Cushan
כּוּשַׁן רִשְׁעָתַיִם	Cushan-rishathaim

כּוּת	Cuthah
כּוֹבַע	casque
כּוֹכָב	une étoile
כּוֹס	(1) (une sorte de) hibou (2) une coupe
כּוֹרֶשׁ	Cyrus
כּוֹשָׁרָה	prospérité
כָּזָב	un mensonge, une fausseté, une chose trompeuse
כֹּזְבָא	Cozeba
כָּזְבִּי	Cozbi
כְּזִיב	Chezib
כֹּחַ	(1) force, puissance (2) un petit reptile (d'espèce inconnue)
כַּחַשׁ	mensonge, maigreur
כֶּחָשׁ	trompeur, faux
כִּיד	malheur
כִּידוֹד	une étincelle
כִּידוֹן	une fléchette, un javelot
כִּידוֹר	début
כִּיּוּן	Chiun
כִּיּוֹר	pot, bassin

כִּילַי	un vaurien
כֵּילַף	hache
כִּימָה	Pléiades, un amas d'étoiles
כִּיס	sac, bourse
כִּיר	fourneau de cuisson
כִּישׁוֹר	une quenouille
כִּכָּר	un rond, un quartier rond, un pain rond, un poids rond, un talent (une mesure de poids ou d'argent)
כֹּל	tout, chacun, chaque, le tout, n'importe quoi
כֶּלֶא	confinement, retenue, emprisonnement
כִּלְאָב	Chileab
כִּלְאַיִם	deux sortes
כָּלֵב	Caleb
כֶּלֶב	un chien
כָּלִבִּי	Calebite
כָּלֵב אֶפְרָתָה	Caleb-ephrathah
כַּלָּה	belle-fille, épouse
כְּלוּהוּ	Cheluhi
כְּלֻהַי	Cheluhi

כְּלוּא	prison
כְּלוּב	(1) *Chelub* (2) un panier, une cage
כְּלוּבַי	*Chelubai*
כְּלוּלוֹת	épouser
כֶּלַח	(1) *Calah* (2) force ferme ou robuste
כָּל־חֹזֶה	*Col-hozeh*
כְּלִי	un article, un ustensile, un récipient
כְּלִיא	confinement, retenue, emprisonnement
כִּלְיָה	un rein
כִּלָּיוֹן	défaillance, nostalgie, anéantissement
כִּלְיוֹן	*Chilion*
כַּלְכֹּל	*Calcol*
כְּלָל	*Chelal*
כִּלְמַד	*Chilmad*
כְּלִמָּה	insulte, reproche, ignominie
כְּלִמּוּת	ignominie
כַּלְנֶה	*Calneh*
כִּמְהָם	*Chimham*
כְּמוֹשׁ	*Chemosh*

כַּמֹּן	*cummin* (plante cultivée comme condiment)
כֹּמֶר	un prêtre (dans le culte des idoles)
כִּמְרִיר	ténèbres, obscurité
כַּנָּה	support
כַּנֶּה	*Canneh*
כִּנּוֹר	une lyre
כָּנְיָהוּ	*Coniah*
כִּנָּם	moucheron, essaim de moucherons
כְּנָנִי	*Chenani*
כְּנַנְיָה	*Chenaniah*
כְּנַנְיָהוּ	*Chenaniah*
כְּנֵעָה	un paquet, une liasse
כִּנְעָן	commerçant, marchand
כְּנַעַן	*Canaan*
כְּנַעֲנָה	*Chenaanah*
כְּנַעֲנִי	(1) un commerçant, un marchand (2) Cananéen
כָּנָף	aile, extrémité
כִּנֶּרֶת	*Chinneret*
כְּנָת	associé, collègue

כֵּס	siège, tabouret, trône
כִּסֵּא	siège d'honneur, trône
כֶּסֶא	pleine lune
כְּסוּי	revêtement extérieur
כְּסֻלּוֹת	Chesulloth
כְּסוּת	couverture
כְּסִיל	stupide, abruti, imbécile
כְּסִילוּת	stupidité
כֶּסֶל	reins, stupidité, confiance
כִּסְלָה	stupidité, confiance
כִּסְלֵו	Chislev
כִּסְלוֹן	Chislon
כְּסָלוֹן	Chesalon
כַּסְלֻחִים	Casluhim
כִּסְלֹת תָּבוֹר	Chisloth-tabor
כֻּסֶּמֶת	épeautre (une sorte de blé)
כֶּסֶף	argent, monnaie
כַּסְפְּיָא	Casiphia
כֶּסֶת	une bande, un filet

כַּעַס	vexation, colère
כַּעַשׂ	vexation, colère
כַּף	creux ou plat de la main, de la paume, de la plante (du pied), une casserole
כֵּף	un rocher
כִּפָּה	une branche, une fronde (d'un palmier)
כְּפוֹר	(1) un bol (2) un givre
כָּפִיס	un chevron, une poutre
כְּפִיר	jeune lion
כְּפִירָה	une ville de Benjamin
כְּפִירִים	Chephirim
כֶּפֶל	le double
כָּפָן	faim, famine
כְּפָר	un village
כֹּפֶר	(1) poix (2) (un arbuste ou un arbre) henné (3) le prix d'une vie, rançon (4) village
כִּפֻּרִים	acte d'expiation, jour d'expiation
כַּפֹּרֶת	propitiatoire
כְּפַר הָעַמֹּנָה	Chephar-ammoni
כְּפַר הָעַמֹּנִי	Chephar-ammoni

כַּפְתּוֹר	(1) pommeau d'un chandelier, chapiteau d'un pilier (2) *Caphtorim*
כַּפְתֹּרִי	*Caphtorim*
כַּר	(1) un pâturage (2) un agneau, un bélier
כֹּר	*kor* (une mesure de blé)
כָּרָה	un festin
כְּרוּב	Chérubin
כָּרִי	garde du corps de Joas
כְּרִית	*Chérith*
כְּרִיתוּת	divorce
כַּרְכֹּב	bordure, rebord (d'un autel)
כַּרְכֹּם	safran
כַּרְכְּמִישׁ	*Carchemish*
כַּרְכַּס	*Carkas*
כִּרְכָּרָה	dromadaire
כֶּרֶם	un vignoble
כֹּרֵם	vigneron
כַּרְמִי	un Carmite
כַּרְמִיל	cramoisi, carmin
כַּרְמֶל	(1) une plantation, un verger, un jardin (2) *Carmel*

כַּרְמְלִי	un carmélite
כְּרָן	Cheran
כָּרָע	jambe inférieure, péroné
כַּרְפַּס	coton ou lin fin
כָּרֵשׂ	ventre
כַּרְשְׁנָא	Carshena
כֹּרֶת	citerne ou puits
כְּרֻתוֹת	poutres
כְּרֵתִי	Cherethites
כֶּשֶׂב	un agneau
כִּשְׂבָּה	une agnelle
כֶּשֶׂד	Chesed
כַּשְׂדִּים	Chaldéens
כַּשִּׁיל	une hache
כִּשָּׁלוֹן	un trébucher
כַּשָּׁף	sorcier
כֶּשֶׁף	sorcellerie
כִּשְׁרוֹן	habileté, réussite
כְּתָב	une écriture

כְּתֹבֶת	une empreinte
כִּתִּיִּים	*Kittim*
כֹּתֶל	mur (d'une maison)
כִּתְלִישׁ	*Chitlish*
כֶּתֶם	or
כְּתֹנֶת	tunique, un long vêtement ressemblant à une chemise, généralement en lin.
כָּתֵף	épaule, omoplate, côté
כֶּתֶר	une couronne
כֹּתֶרֶת	chapiteau (d'un pilier)

ל

לֵאָה	Leah ("fatigué")	
לָאֵל	Lael	
לְאֹם	peuple	
לְאֻמִּים	Leummim	
לֹא עַמִּי	Lo-ammi	
לֹא רֻחָמָה	Lo-ruhamah	
לֵב	homme intérieur, esprit, volonté, cœur	
לְבֹא	Lebo	
לָבִא	lion	
לְבִאָה	lionne	
לְבָאוֹת	Lebaoth	
לֵבָב	homme intérieur, esprit, volonté, cœur	
לַבָּה	flamme, pointe de l'arme	

לִבָּה	cœur
לְבוּשׁ	un vêtement, un habillement, un vêtement
לְבוֹנָה	(1) encens (2) *Lebonah*
לָבִיא	un lion, une lionne
לְבִיָּא	lionne
לְבִיבָה	pain
לִבְנָה	*Libnah*
לִבְנֶה	peuplier
לְבָנָה	lune
לְבֵנָה	brique, tuile
לְבֹנָה	encens
לְבָנוֹן	une chaîne de montagnes boisées à la frontière nord de l'Isr.
לִבְנִי	*Libni*, Libnite
לֵב קָמַי	*Leb-kamai*
לֹג	une bûche (une mesure liquide)
לֹד	*Lod*
לֵדָה	accouchement
לַהַב	flamme, lame
לֶהָבָה	flamme, lame

לְהָבִים	Lehabim
לַהַג	étude, dévotion (aux livres)
לָהַד	Lahad
לַהַט	une flamme
לְהָטִים	flamme, lame (?)
לַהֲקָה	bande, compagnie
לוּב	Libyens
לוּד	Lud
לוּז	(1) amandier, bois d'amandier (2) Luz
לוּחַ	une tablette, une planche ou une planchette, une assiette
לוּחִית	Luhith
לֵוִי	Lévi, fils de Jacob
לִוְיָה	une couronne
לִוְיָתָן	serpent, monstre marin ou dragon
לוּל	un puits ou un espace clos avec des marches ou une échelle
לוּלָאָה	boucle
לוּשׁ	Laish
לוֹטָן	un fils de Seir
לוֹ דְבָר	frontière de Debir

לָזוּת	déviation, cambrure
לַח	humidité, fraîcheur
לְחוּם	intestins, entrailles
לְחִי	(1) *Léhi* (2) mâchoire, joue
לֶחֶם	pain, nourriture
לַחְמִי	*Lahmi*
לַחְמָס	*Lahmas*
לַחַץ	oppression, détresse
לַחַשׁ	chuchotement, charme
לָט	secret, mystère
לֹט	myrrhe
לְטָאָה	(une sorte de) lézard
לְטוּשִׁים	*Letushim*
לִיָה	couronne de fleurs
לַיִל	nuit
לַיְלָה	nuit
לִילִית	une femelle démon de la nuit
לַיִשׁ	(1) *Laish* (2) un lion
לַיְשָׁה	*Laishah*

לָכַד	une prise, une capture
לֵכָה	Lecah
לָכִישׁ	Lachish
לְמוּאֵל	Lemuel
לֶמֶךְ	Lemech
לֹעַ	gorge
לַעַג	moquerie, dérision
לַעְדָּה	Laadah
לַעְדָּן	un Ephraïmite, aussi un Gershonite
לָעִיר	de la ville
לַעֲנָה	absinthe
לַפִּיד	une torche
לַפִּידוֹת	Lappidoth
לֵץ	moqueur, dédaigneux
לָצוֹן	un mépris
לַקּוּם	Lakkum
לֶקַח	un apprentissage, un enseignement
לִקְחִי	Likhi
לֶקֶט	glaner

לֶקֶשׁ	la repousse, la récolte de printemps
לָשָׁד	jus
לָשׁוֹן	langue
לִשְׁכָּה	pièce, chambre, hall, cellule
לֶשֶׁם	(1) *Leshem* (2) (une pierre précieuse) l'ambre ou la jacinthe
לֶשַׁע	*Lasha*
לֶתֶךְ	mesure d'orge incertaine (un demi homer)

מַאֲבוּס	grenier
מֵאָה	(1) cent (2) une tour sur le mur N. de Jer.
מַאֲוַיִּים	désire
מְאוּמָה	n'importe quoi
מְאוּרָה	un trou pour la lumière
מָאוֹס	refuse
מָאוֹר	un luminaire
מֹאזְנַיִם	équilibre, balance
מַאֲכָל	nourriture
מַאֲכֶלֶת	un couteau
מַאֲכֹלֶת	carburant
מַאֲמָץ	pouvoir, force, puissance
מַאֲמָר	un mot, un ordre

מַאֲפֶה	quelque chose de cuit
מַאֲפֵל	obscurité
מַאְפֵלְיָה	obscurité profonde
מַאֲרָב	embuscade
מְאֵרָה	une malédiction
מִבְדָּלָה	un endroit séparé
מְבוּכָה	confusion
מַבּוּל	une inondation
מְבוּסָה	un écrasement, un asservissement
מַבּוּעַ	une source (d'eau)
מְבוּקָה	un vide
מְבוּשִׁים	organes génitaux
מָבוֹא	entrée, pénétrer
מִבְחוֹר	choix
מִבְחָר	(1) le plus beau, le meilleur (2) Mibhar
מַבָּט	attente
מִבְטָא	propos irréfléchis
מִבְטָח	confiance
מַבְלִיגִית	sourire, gaieté, source d'égayement

מִבְלָקָה	déchets
מִבְנֶה	structure
מִבְנַי	*Mebunnai*
מִבְצָר	(1) fortification (2) *Mibzar*, un chef edomite
מִבְרָח	fugitif
מִבְשָׂם	*Mibsam*
מְבַשְּׁלוֹת	foyers de cuisson
מָג	devin, magicien
מַגְבִּישׁ	*Magbish*
מִגְבָּלוֹת	chaînes
מִגְבָּעָה	bandeau
מֶגֶד	excellence
מְגִדּוֹ	*Megiddo*
מִגְדּוֹל	*Migdol*
מַגְדִּיאֵל	*Magdiel*
מִגְדָּל	une tour
מִגְדֹּל	(1) *Migdol* (2) une tour
מִגְדַּל־אֵל	*Migdal-el*
מִגְדַּל־גָּד	*Migdal-gad*

מִגְדַּל־עֵדֶר	tour d'Eder
מִגְדַּל־שְׁכֶם	tour de Sichem
מְגוּרָה	un entrepôt, un grenier
מָגוֹג	*Magog*
מָגוֹר	(1) crainte, terreur (2) lieu de séjour, lieu d'habitation, lieu de séjour
מְגוֹרָה	peur, terreur
מַגְזֵרָה	un instrument tranchant, une hache
מַגָּל	une faucille
מְגִלָּה	un rouleau
מְגַמָּה	un assemblage
מָגֵן	un bouclier
מָגֶן	un cadeau
מְגִנָּה	une couverture
מִגְעֶרֶת	un reproche
מַגֵּפָה	un coup, un massacre, un fléau, une pestilence
מַגְפִּיעָשׁ	*Magpiash*
מְגֵרָה	une scie
מִגְרוֹן	*Migron*
מִגְרָע	niche, troncature

מַגְרֵף	une pelle, une bêche, une houe
מִגְרָשׁ	un terrain commun, une terre commune, une terre ouverte
מַד	une mesure, un vêtement en tissu
מִדְבָּר	(1) terre sauvage (2) bouche
מִדָּה	(1) hommage (2) mesure, mensuration, stature, taille, un vêtement
מַדְהֵבָה	comportement turbulent, fureur
מַדּוּ	un vêtement
מַדְוֶה	maladie
מַדּוּחִים	séduction, transgression
מְדוּרָה	un tas (de bois)
מָדוֹן	(1) querelle, dispute (2) Madon
מִדְחֶה	moyen ou occasion de trébucher
מַדְחֵפָה	une poussée
מָדַי	Madia
מָדַי	un Medo
מִדִּין	Middin
מִדְיָן	Midian
מְדִינָה	un district, une province
מִדְיָנִי	un Midianite

מְדֹכָה	mortier
מַדְמֵן	*Madmen*
מַדְמַנָּה	*Madmannah*
מַדְמֵנָה	*Madmenah*
מָדָן	(1) *Midian* (2) conflit, dispute
מַדָּע	connaissance, pensée
מֹדַעַת	relatif
מַדְקָרָה	percer, poignarder
מַדְרֵגָה	endroit escarpé, un escarpement
מִדְרָךְ	lieu où l'on marche, où l'on piétine
מִדְרָשׁ	étude, exposition, midrash
מְדֻשָׁה	ce qui est battu
מְהוּמָה	tumulte, confusion, inquiétude, déconfiture
מְהוּמָן	*Mehuman*
מְהֵיטַבְאֵל	*Mehetabel*
מַהֲלָךְ	une promenade, un voyage, un déplacement
מַהֲלָל	éloge
מַהֲלַלְאֵל	*Mahalalel*
מַהֲלֻמָה	coups

מַהֲמֹר	puits sans fond
מַהְפֵּכָה	un renversement
מַהְפֶּכֶת	actions (instrument de punition)
מֹהַר	prix d'achat (d'une épouse)
מַהֲרִי	*Maharai*
מַהֵר שָׁלָל חָשׁ בַּז	rapide (est) butin, rapide (est) proie (nom symbolique du fils d'Isaïe)
מַהֲתַלָּה	tromperie
מוּלָה	circoncision
מוּם	tache, défaut
מוּסָב	englobant, entourant
מוּסָד	fondation, pose de fondation
מוּסָדָה	fondation, nomination
מוּסָךְ	quelque chose de couvert
מוּסָר	discipline, châtiment, correction
מוּעָדָה	nommé
מוּעָף	morosité
מוּעָקָה	compression, détresse
מוּצָק	une coulée

מוּצָקָה	métal coulé, roseaux
מוּשִׁי	Mushi
מָוֶת	mort
מוֹאָב	un fils de Lot, ainsi que sa descendance et le territoire où ils se sont installés.
מוֹאָבִי	Moabite
מוֹבָא	arrivée, entrée
מוֹדָע	parent, membre de la famille
מוֹט	une secousse, une perche, une barre (d'un joug)
מוֹטָה	un poteau, une barre (d'un joug)
מוֹלָדָה	Moladah
מוֹלֶדֶת	parenté, naissance, progéniture
מוֹלִיד	Molid
מוֹסָד	fondation
מוֹסָדָה	fondation
מוֹסָר	discipline, châtiment, correction
מוֹסֵר	bande, lien
מוֹסֵרָה	Moserah
מוֹעָד	lieu désigné
מוֹעֵד	moment, lieu ou réunion fixés

מוֹעַדְיָה	Moadiah
מוֹעֵצָה	conseil, plan, principe, dispositif
מוֹפָעַת	Méphaath
מוֹפֵת	une merveille, un signe, un présage
מוֹצָא	(1) *Mozah* (2) lieu ou acte de sortie, émission, exportation, source, ressort.
מוֹצָאָה	aller de l'avant
מוֹקֵד	une masse brûlante
מוֹקְדָה	foyer
מוֹקֵשׁ	un appât ou un leurre, un piège
מוֹרָא	une peur, une terreur
מוֹרַג	un traîneau de battage
מוֹרָד	une descente, une pente
מוֹרָה	(1) un rasoir (2) une terreur
מוֹרֶה	(1) la pluie (précoce) (2) *Moreh* (3) un professeur
מוֹרָשׁ	une possession
מוֹרָשָׁה	une possession
מוֹרַשְׁתִּי	Moreshethite
מוֹרֶשֶׁת גַּת	Moresheth-gath
מוֹשָׁב	un siège, une assemblée, un lieu d'habitation, une demeure, des habitants

מוֹשִׁיעַ	Sauveur
מוֹשָׁעָה	actes salvateurs
מוֹתָר	abondance, prééminence
מִזְבֵּחַ	un autel
מֶזֶג	un mélange
מִזָּה	Mizzah
מָזוּ	un grenier
מְזוּזָה	un montant de porte, un montant de porte
מָזוֹן	nourriture, subsistance
מָזוֹר	(1) un filet (2) une blessure
מֶזַח	une gaine
מָזִיחַ	une gaine
מַזְכִּיר	secrétaire, enregistreur
מַזָּל	constellations
מַזְלֵג	un ustensile utilisé pour offrir des sacrifices
מְזִמָּה	but, discrétion, dispositif
מִזְמוֹר	une mélodie
מַזְמֵרָה	un couteau d'élagage
מְזַמֶּרֶת	un éteignoir

מִזְעָר	un peu, une bagatelle, quelques-uns
מִזְרֶה	une fourche
מַזָּרוֹת	des étoiles
מִזְרָח	lieu du lever du soleil, l'est
מְזָרִים	vent du nord
מִזְרָע	lieu d'ensemencement
מִזְרָק	bol, bassin
מֵחַ	une graisse
מֹחַ	moelle
מַחֲבֵא	une cachette
מַחֲבֹא	cachette
מַחְבְּרוֹת	étrier
מַחְבֶּרֶת	quelque chose de joint, lieu de jonction
מַחֲבַת	une assiette plate, une poêle, une plaque de cuisson
מַחְגֹּרֶת	gaine, ceinture
מְחוּגָה	un compas
מְחוּיָאֵל	*Mehujael*
מְחוּיִם	*Mahavite*
מָחוֹז	une ville

מָחוֹל	(1) *Mahol* (2) une danse
מַחֲזֶה	une vision
מְחֶזָה	lumière, lieu de vision, une fenêtre
מַחֲזִיאוֹת	*Mahazioth*
מְחִי	un coup
מְחִידָא	*Mehida*
מִחְיָה	préservation de la vie, subsistance
מְחִיר	(1) *Mehir* (2) prix, location
מַחֲלָה	maladie, malaise
מַחֲלָה	maladie, malaise
מַחְלָה	*Milcah*
מְחִלָּה	un trou
מְחֹלָה	une danse
מַחְלוֹן	*Mahlon*
מַחְלִי	*Mahli*
מַחֲלָיִים	maladie
מַחֲלָף	un couteau
מַחְלָפָה	tresses, mèches (de cheveux)
מַחֲלָצוֹת	robe de fête

מַחֲלֹקֶת	division, cours
מָחֳלַת	(1) danse (2) maladie
מְחֹלָתִי	Meholathite
מַחְמָאֹת	ressemblant à du lait caillé
מַחְמַד	chose agréable
מַחְמֹד	objet précieux, trésor
מַחְמָל	objet de pitié, objet de compassion
מַחְמֶצֶת	tout ce qui est fermenté
מַחֲנֶה	un campement, un camp
מַחֲנֵה־דָן	Mahaneh-dan
מַחֲנַיִם	Mahanaïm
מַחֲנַק	étranglement
מַחְסֶה	un refuge, un abri
מַחְסוֹם	une muselière
מַחְסוֹר	besoin, chose nécessaire, pauvreté
מַחְסֵיָה	Mahseiah
מַחַץ	une blessure grave
מַחְצֵב	une coupe
מֶחֱצָה	moitié

מַחֲצִית	moitié, milieu
מֶחְקָר	une étendue (une zone à explorer)
מַחֲרָאָה	un cloaque
מַחֲרֵשָׁה	un soc de charrue
מָחֳרָת	le lendemain
מַחְשֹׂף	une mise à nu, un dépouillement
מַחֲשָׁבָה	pensée, dispositif
מַחְשָׁךְ	lieu obscur
מַחַת	Mahath
מַחְתָּה	un brûleur, un encensoir, une tabatière
מְחִתָּה	terreur, destruction, ruine
מַחְתֶּרֶת	effraction, cambriolage
מַטְאֲטֵא	balai
מַטְבֵּחַ	un lieu d'abattage
מָטָה	épandre, répandre
מַטֶּה	ce qui est perverti, la justice pervertie
מַטֶּה	un bâton, une verge, un manche, une branche, une tribu
מִטָּה	un divan, un lit
מַטְוֶה	ce qui est filé, le fil

מָטִיל	une tige de métal forgé
מַטְמוֹן	un trésor caché, un trésor
מַטָּע	lieu ou action de planter, une plantation
מַטְעָם	nourriture savoureuse, friandises
מִטְפַּחַת	un manteau
מָטָר	pluie
מַטְרֵד	Matred
מַטָּרָה	cible
מַטְרִי	Matrite
מֵידְבָא	Medeba
מֵידָד	Medad
מֵיטָב	le meilleur
מִיכָא	trois Isr.
מִיכָאֵל	Michael ("Qui est comme Dieu ?")
מִיכָה	le nom de plusieurs Isr.
מִיכָהוּ	Micaiah
מִיכָיָה	Qui est comme Yah ? le nom de plusieurs Isr.
מִיכָיְהוּ	Micaiah
מִיכָיְהוּ	Micaiah ("Qui est comme Yah ?")

מִיכָל	un ruisseau, une rivière
מִיכַל	Michal
מַיִם	eaux, eau
מִיָּמִין	Mijamin
מִין	genre, espèce
מֵינֶקֶת	nourrice
מֵיפַעַת	Mephaath
מִיץ	presser, presser, tordre
מֵישָׁא	Mesha
מִישָׁאֵל	Mishael ("Qui est ce que Dieu est ?")
מִישׁוֹר	un endroit plat, la droiture
מֵישַׁךְ	Meshach
מֵישָׁע	Mesha
מֵישַׁע	Mesha
מֵישָׁרִים	droit, droiture
מֵיתָר	corde, ficelle
מֵי הַיַּרְקוֹן	Me-jarkon
מֵי זָהָב	Mezahab
מַכְאֹב	chagrin

מַכְבְּנָה	Machbena
מַכְבְּנַי	Machbannai
מַכְבֵּר	tissu à mailles, couverture
מִכְבָּר	caillebotis, treillis
מַכָּה	un coup, une blessure, un massacre
מִכְוָה	une tache brûlée, une cicatrice de brûlure
מְכוּרָה	origine
מָכוֹן	un lieu fixe ou établi, une fondation
מְכוֹנָה	un lieu de repos fixe, une base
מָכִי	Machi
מָכִיר	Machir
מִכְלָא	enceinte, pli
מַכְלוּל	une chose rendue parfaite, une robe ornée
מִכְלוֹל	perfection, vêtement magnifique
מִכְלוֹת	complétude, perfection
מִכְלָל	intégralité, perfection
מַכֹּלֶת	denrée alimentaire
מִכְמָן	trésor
מִכְמָס	Michmash

מִכְמָר	un filet, un piège
מִכְמֶרֶת	un filet, un filet de pêche
מִכְמְתָת	Michmethath
מַכְנַדְבַי	Machnadebai
מְכֹנָה	Meconah
מִכְנָסִים	pantalon
מֶכֶס	calcul, proportion à payer, impôt
מִכְסָה	un calcul
מִכְסֶה	une couverture
מְכַסֶּה	une couverture
מַכְפֵּלָה	Machpelah
מַכָּר	connaissance, ami
מֶכֶר	marchandise, valeur
מִכְרֶה	une fosse
מְכֵרָה	arme (une sorte d'arme)
מִכְרִי	Michri
מְכֵרָתִי	Mecherathite
מִכְשׁוֹל	entrave, offense, pierre d'achoppement
מַכְשֵׁלָה	quelque chose de renversé, une pierre d'achoppement

מִכְתָּב	écriture
מִכְתָּה	quelque chose d'écrasé ou de pulvérisé, des fragments écrasés
מִכְתָּם	*miktam*, inscription
מַכְתֵּשׁ	mortier
מְלֹא	plénitude
מִלְאָה	sertissage (de bijoux)
מְלֵאָה	plénitude, produit complet
מִלֻּאִים	mise en place, installation
מְלָאכָה	occupation, travail
מַלְאֲכוּת	message
מַלְאָכִי	*Malachie*
מַלְאָךְ	un messager
מִלֵּאת	un cadre ou une bordure, un rebord
מַלְבּוּשׁ	vêtement, habit
מַלְבֵּן	un moule à briques, un quadrilatère, un sol en terre cuite
מִלָּה	un mot, un discours, un énoncé, une chose
מִלּוּאָה	sertissage d'un bijou
מַלּוּחַ	mauve
מְלוּכָה	royauté, royauté

מַלּוּךְ	Malluch
מְלוּנָה	une loge, une hutte
מִלּוֹא	Millo
מָלוֹן	un lieu d'hébergement, une auberge, un khan
מַלּוֹתִי	Mallothi
מַלָּח	un marin
מֶלַח	sel
מְלֵחָה	salinité, stérilité
מִלְחָמָה	une bataille, une guerre
מֶלֶט	mortier, ciment
מְלַטְיָה	Melatiah
מְלִיכוּ	Malluchi
מְלִילָה	un épi (de blé)
מֵלִיץ	interprète
מְלִיצָה	satire, un poème moqueur
מַלְכֹּדֶת	un instrument pour attraper, un piège, une trappe
מַלְכָּה	reine
מִלְכָּה	Milcah
מַלְכוּת	royauté, pouvoir royal, règne, royaume

מַלְכִּיאֵל	Malchiel
מַלְכִּיָּה	Malchijah
מַלְכִּיָּהוּ	Malchijah
מַלְכִּי־צֶדֶק	Melchizédek
מַלְכִּירָם	Malchiram
מַלְכִּי־שׁוּעַ	Malchi-shua
מַלְכָּם	Malcam
מִלְכֹּם	Milcom
מַלְבֵּן	moule à briques
מַחְלֵת	Mahlah
מַלְכֵּת	reine
מֶלֶךְ	roi, chef, prince
מֹלֶךְ	Moloch
מִלֲלַי	Milalai
מַלְמָד	bourrage de crâne
מֶלְצַר	gardien
מַלְקוֹחַ	(1) une mâchoire (2) butin, proie
מַלְקוֹחַיִם	gencives
מַלְקוֹשׁ	dernière pluie, pluie de printemps

מֶלְקָחַיִם	pinces, éteignoirs
מֶלְתָּחָה	garde-robe, vêtement
מַלְתָּעוֹת	os de la mâchoire
מַמְּגוּרָה	entrepôt, grenier
מֵמַד	mesure
מְמוּכָן	Memucan
מָמוֹת	mort
מַמְזֵר	bâtard, enfant de l'inceste
מִמְכָּר	une vente, un magasin
מִמְכֶּרֶת	une vente
מַמְלָכָה	royaume, souveraineté, domination, règne
מַמְלָכוּת	souveraineté
מִמְסָךְ	une boisson mélangée
מֶמֶר	amertume
מַמְרֵא	Mamre
מַמְרֹרִים	amertume
מִמְשַׁח	expansion
מִמְשָׁל	domination, règle
מֶמְשָׁלָה	règle, domination, royaume

מִמְשָׁק	possession
מַמְתַקִּים	douceur, choses douces
מָן	(1) quoi ? (2) manne (une sorte de pain)
מֵן	corde de harpe, portion
מַנְגִּינָה	chant (moqueur, dérisoire)
מָנָה	partie, portion
מָנֶה	*maneh*, mina (une mesure de poids ou d'argent)
מִנֶה	un nombre compté, un temps
מִנְהָג	conduire (un char)
מִנְהָרָה	une grotte, une forteresse
מְנוּחָה	lieu de repos, repos
מְנוּסָה	vol
מָנוֹד	une secousse, un remuement
מָנוֹחַ	(1) un lieu de repos, état ou condition de repos (2) *Manoah*
מָנוֹן	un ingrat
מָנוֹס	fuite, lieu d'évasion ou de refuge
מָנוֹר	une poutre (de tisserand)
מְנוֹרָה	un chandelier
מִנְזָר	prince, gardien

מָנֹח	un vestige, un espace libre
מִנְחָה	un don, un hommage, une offrande
מְנַחֵם	Menahem
מָנַחַת	Manahath
מִנִּי	Minni
מְנִי	Meni
מִנְיָמִין	Miniamin
מִנִּית	Minnith
מִנְלֶה	un gain, une acquisition
מַנְעוּל	un boulon
מִנְעָל	un boulon
מַנְעַמִּים	délicatesse
מְנַעְנְעִים	une sorte de hochet
מְנַקִּית	un bol à sacrifices
מְנַשֶּׁה	faisant oublier, un fils de Joseph, une tribu descendant de lui, un roi de Juda, deux Isr.
מְנָת	partie
מַס	(1) désespéré (2) corps de travailleurs forcés, service forcé, servage
מְסִבָּה	autour, ce qui entoure
מַסְגֵּר	un serrurier, un forgeron, un donjon

מִסְגֶּרֶת	frontière, bordure, forteresse
מַסָּד	fondation
מִסְדְּרוֹן	porche, colonnade
מַסָּה	(1) le désespoir (2) un test, une épreuve, une preuve (3) *Massah*
מִסָּה	suffisance
מַסְוֶה	un voile
מְסוּכָה	une haie
מִסְחָר	marchandise
מַסֵּכָה	(1) une libation, un métal fondu ou une image (2) une matière tissée, une toile, une couverture
מְסֻכָּה	couverture
מִסְכֵּן	celui qui est appauvri
מִסְכְּנוֹת	dépôt, magasins
מִסְכֵּנֻת	pauvreté, pénurie
מַסֶּכֶת	tissu sur un métier à tisser
מָסָךְ	une couverture, un écran
מֶסֶךְ	un mélange
מְסִלָּה	une autoroute
מַסְלוּל	une autoroute
מַסְמֵר	un clou

מַסָּע	(1) un missile, un dard (2) une carrière ou une exploitation de carrière
מַסַּע	un arrachement, une rupture (de camp), une mise en route, un voyage
מִסְעָד	un soutien
מִסְפֵּד	un gémissement
מִסְפּוֹא	un fourrage
מִסְפָּחָה	un long voile
מִסְפַּחַת	une croûte
מִסְפָּר	nombre, quantité
מִסְפֶּרֶת	*Mispereth*
מָסֹרֶת	lien (de l'alliance)
מִסְתּוֹר	lieu d'abri
מַסְתֵּר	cachette, action de se cacher
מִסְתָּר	lieu secret, cachette
מַעֲבָד	acte
מַעֲבֶה	épaisseur, compacité
מַעֲבָר	un gué, un col, un passage
מַעְבָּרָה	un gué, un col, un passage
מַעְגָּל	un retranchement, une piste
מַעֲדַי	*Maadai*

מַעַדְיָה	Maadiah
מַעֲדַנִּים	délicatesse, délice
מַעְדֵּר	une houe
מָעָה	un grain (de sable)
מֵעָה	organes internes, parties intérieures, ventre
מְעוּנִים	Meunites
מָעוּף	morosité
מָעוֹג	un gâteau
מָעוֹז	un lieu ou un moyen de sécurité, de protection
מָעוֹזֵן	forteresse, refuge
מָעוֹךְ	Maoch
מָעוֹן	(1) *Maon* ("habitation") (2) logement, habitation
מְעוֹנֹתַי	Meonothai
מָעוֹר	nudité, pudendum
מַעַזְיָה	Maaziah
מַעַזְיָהוּ	Maaziah
מַעֲטֶה	enveloppe, manteau
מַעֲטֶפֶת	vêtement extérieur
מָעַי	Maai

מְעִי	un tas de ruines
מְעִיל	une robe
מַעְיָן	une source
מַעֲכָה	Maachah
מַעֲכָתִי	habitant de Maacah
מֹעַל	une élévation
מַעֲלָה	(1) une marche, un escalier (2) ce qui monte
מַעֲלֶה	une ascension
מַעֲלָל	un acte, une pratique
מַעֲמָד	une position debout, un point d'appui
מַעֲמָד	une charge, une fonction, un service
מַעֲמָסָה	une charge, un fardeau
מַעֲמַקִּים	des profondeurs
מַעֲנֶה	lieu pour (faire) une tâche
מַעֲנֶה	une réponse, une réaction
מְעֹנָה	logement, habitation
מַעַץ	Maaz
מַעֲצֵבָה	un lieu de douleur
מַעֲצָד	une hache

מַעְצוֹר	une contrainte
מַעֲקֶה	un parapet
מַעֲקַשִּׁים	choses tordues, terrain accidenté
מַעַר	un endroit nu ou dénudé
מַעֲרָב	(1) articles d'échange, marchandise (2) ouest
מַעֲרָה	nudité
מְעָרָה	une grotte
מַעֲרָכָה	rang, rang, ligne de combat
מַעֲרֶכֶת	une rangée, une ligne
מַעֲרָךְ	un arrangement
מַעֲרֹם	quelque chose de nu
מַעֲרָצָה	un choc terrible, un fracas
מַעֲרָת	*Maarath*
מַעֲשֶׂה	un acte, un travail
מַעֲשַׂי	*Maasai*
מַעֲשֵׂיָה	*Maaseiah*
מַעֲשֵׂיָהוּ	*Maaseiah*
מַעֲשֵׂר	dixième partie, dîme
מַעֲשַׁקּוֹת	extorsion

מֹף	Memphis
מִפְגָּע	quelque chose de touché, une marque
מַפֻּחַ	soufflet
מַפָּח	une expiration
מְפִיבֹשֶׁת	Mephibosheth
מֻפִּים	Muppim
מֵפִיץ	éparpilleur, disperseur
מַפָּל	déchets, pièces suspendues
מִפְלָאוֹת	œuvres merveilleuses
מִפְלַגָּה	une division
מַפֵּלָה	une ruine
מִפְלָט	une fuite ou un (lieu de) fuite
מִפְלֶצֶת	chose affreuse
מִפְלָשׂ	une oscillation, un équilibre
מַפֶּלֶת	une carcasse, une ruine, un renversement
מִפְעָל	une œuvre, une chose fabriquée
מַפֵּץ	briser
מֵפִץ	un club de guerre
מִפְקָד	un rassemblement, un recensement, un numérotage

מִפְרָץ	lieu de débarquement
מַפְרֶקֶת	cou
מִפְרָשׂ	un étalement, quelque chose d'étalé
מִפְשָׂעָה	hanche ou fesse
מַפְתֵּחַ	une clé
מִפְתָּח	une ouverture, un énoncé
מִפְתָּן	seuil
מֵץ	presseur, extorqueur
מֹץ	paillettes
מַצָּב	place debout, station, garnison
מַצָּבָה	garnison
מַצֵּבָה	pilier, souche
מְצֹבָיָה	Mezobaite
מַצֶּבֶת	pilier
מָצָד	fief, forteresse
מַצָּה	(1) pain ou gâteau sans levain (2) querelle, dispute
מֹצָה	*Mozah*
מִצְהָלוֹת	un hennissement
מְצוּדָה	(1) un filet, une proie (2) une place forte, une forteresse.

מִצְוָה	commandement
מָצוּק	support fondu, pilier
מְצוּקָה	détroit, contrainte
מְצוּרָה	siège, rempart
מַצּוּת	conflit, dispute
מָצוֹד	(1) ouvrage de siège (2) instrument de chasse, filet, piège
מְצוֹדָה	(1) une place forte, une forteresse (2) un filet
מְצוֹלָה	profondeur
מָצוֹק	détroit, tension
מָצוֹר	(1) enceinte de siège, siège, retranchement (2) Égypte
מֵצַח	front
מִצְחָה	cretons
מְצִלָּה	une cloche
מְצִלְתַּיִם	cymbales
מִצְנֶפֶת	turban (du grand prêtre)
מַצָּע	un divan, un lit
מִצְעָד	une marche
מִצְעָר	une petite chose
מִצְפָּה	*Mizpah*

מִצְפָּה	(1) tour de guet (2) *Mizpah*
מַצְפּוּן	choses cachées
מֵצַר	difficultés, détresse
מִצְרִי	habitant de l'Égypte
מִצְרַיִם	l'Égypte, les Égyptiens, un fils de Cham
מַצְרֵף	un creuset
מַק	décomposition, pourriture
מַקֶּבֶת	(1) un marteau (2) un trou, une excavation
מַקֵּדָה	un lieu en Judée
מִקְדָּשׁ	un lieu sacré, un sanctuaire
מַקְהֵל	une assemblée
מַקְהֵלוֹת	*Makheloth*
מִקְוֶה	réservoir
מִקְוֶה	(1) une collection, une masse collectée (2) un espoir
מָקוֹם	un lieu debout, une place
מָקוֹר	une source, une fontaine
מֶקַח	une prise, une réception
מַקָּחוֹת	marchandises
מִקְטָר	encens

מִקְטָר	lieu de la fumée sacrificielle
מִקְטֶרֶת	un encensoir
מְקַטֶּרֶת	encens, autel d'encens
מַקֵּל	une baguette, un bâton
מִקְלוֹת	Mikloth
מִקְלָט	refuge, asile
מִקְלַעַת	sculpture
מִקְנֶה	un achat
מִקְנֶה	bétail
מִקְנֵיָהוּ	Mikneiah
מִקְסָם	divination
מָקֵץ	Makaz
מִקְצוֹעַ	un contrefort d'angle
מַקְצֻעָה	couteau pour sculpter
מִקְרָא	une convocation, une lecture
מִקְרֶה	accident, chance, fortune
מְקָרֶה	travail de poutre
מְקֵרָה	fraîcheur
מִקְשָׁה	(1) travail martelé (2) champ de concombres

מִקְשָׁה	coiffure (artistique)
מֹר	*myrrh*
מֻרְאָה	culture ou canal alimentaire
מַרְאָה	(1) vision (2) un miroir
מַרְאֶה	vue, apparence, vision
מְרַאֲשׁוֹת	une place à la tête, place de la tête
מֵרַב	*Merab*
מַרְבָד	un étendage, un couvre-lit
מַרְבָּה	beaucoup
מַרְבִּית	augmentation, grand nombre, grandeur
מַרְבֵּץ	(lieu de) couchage
מַרְבֵּק	une stalle
מַרְגּוֹעַ	un repos
מַרְגְּלוֹת	lieu des pieds, pieds
מַרְגֵּמָה	une écharpe
מַרְגֵּעָה	un repos, un repos
מֶרֶד	(1) *Mered* (2) rébellion, révolte
מַרְדּוּת	rébellion
מָרְדֳּכַי	*Mordechai*

מְרֹדַךְ בַּלְאֲדָן	Merodach-baladan
מְרֹדַךְ	Merodach
מַרְדָּף	persécution
מָרָה	Mara
מֹרָה	amertume
מָרוּד	agitation, égarement
מְרוּצָה	une course, un parcours
מְרוּקִים	un grattage, un frottement
מֵרוֹז	Meroz
מָרוֹם	hauteur
מֵרוֹם	Merom
מֵרוּץ	une course, un parcours
מָרוֹת	Maroth
מַרְזֵחַ	un cri
מֶרְחָב	un endroit large ou spacieux
מֶרְחָק	un lieu éloigné, une distance
מַרְחֶשֶׁת	un ragoût, une casserole
מְרִי	rébellion
מְרִיא	graisseux

מְרִיב־בַּעַל	Merib-baal
מְרִיבָה	(1) querelle, dispute (2) *Meribah*
מְרִי־בַּעַל	Merib-baal
מֹרִיָּה	*Moriah*
מְרָיָה	*Meraiah*
מְרָיוֹת	*Meraioth*
מִרְיָם	une sœur d'Aaron, aussi un homme de Juda
מְרִירוּת	amertume
מֶרְכָּב	un char, un siège
מֶרְכָּבָה	un char
מַרְכֹּלֶת	un lieu de commerce, une place de marché
מֹרֶךְ	faiblesse
מִרְמָה	(1) tromperie, trahison (2) *Mirmah*, un Benjamite
מְרֵמוֹת	*Meremoth*
מִרְמָס	lieu de piétinement, piétinement
מְרֹנֹתִי	*Meronothite*
מֶרֶס	*Meres*
מַרְסְנָא	*Marsena*
מֶרַע	méchanceté, outrage

מֵרֵעַ	ami, compagnon
מִרְעֶה	un pâturage, une pâture
מַרְעִית	un pâturage, une pâture
מַרְעֲלָה	*Maralah*
מַרְפֵּא	une guérison, un remède, la santé
מַרְפֵּשׂ	mare boueuse
מַרְצֵעַ	un instrument de forage, un alène
מַרְצֶפֶת	pavé
מָרַק	récurer, polir
מֶרְקָח	une épice, un parfum
מִרְקָחָה	un pot de pommade
מִרְקַחַת	un mélange d'onguents
מָרֹר	chose amère, herbe amère
מְרֵרָה	bile
מְרֹרָה	une chose amère, du fiel, du poison
מְרָרִי	(1) un fils de Lévi (2) *Merari*
מָרֵשָׁה	*Mareshah*
מִרְשַׁעַת	méchanceté
מְרָתַיִם	*Merathaim*

מַשָּׂא	(1) énonciation, oracle (2) *Massa* (3) charge, fardeau, soulèvement, port, tribut
מַשֵּׂא	soulever
מַשָּׂאָה	le soulevé (nuage)
מַשְׂאֵת	un soulèvement, une parole, un fardeau, une portion
מִשְׂגָּב	une hauteur sûre, une retraite, une forteresse
מְשׂוּכָה	une haie
מְשׂוּרָה	une mesure
מַשּׂוֹר	une scie
מָשׂוֹשׂ	exultation, réjouissance
מִשְׂחָק	objet de dérision
מַשְׂטֵמָה	animosité
מְשֻׂכָה	une haie
מַשְׂכִּיל	un poème contemplatif
מַשְׂכִּית	un objet d'exposition, une figure, une imagination
מַשְׂכֹּרֶת	salaire
מַשְׂמֵרָה	clou
מִשְׂפָּח	déversement, effusion de sang
מִשְׂרָה	règle, domination

מִשְׂרְפוֹת	brûler
מִשְׂרְפוֹת מַיִם	Misrephoth-maim
מַשְׂרֵקָה	Masrekah
מָשְׁרֵת	poêle, plat
מַשׁ	Mash
מַשָּׁא	prêt à intérêt, usure
מֵשָׁא	Mesha
מַשְׁאָב	lieu de puisage (eau)
מַשָּׁאָה	un prêt
מַשָּׁאוֹן	ruse, dissimulation
מַשֻׁאוֹת	ruines
מִישָׁאֵל	Mishal
מִשְׁאָלָה	demande, pétition
מִשְׁאֶרֶת	cuvette ou bol de pétrissage
מִשְׁבְּצוֹת	travail en filigrane, généralement pour les sertissages de pierres précieuses
מַשְׁבֵּר	ouverture cervicale
מִשְׁבָּר	(1) briseuse (de la mer) (2) lieu de brèche
מִשְׁבָּת	cessation, anéantissement
מִשְׁגֶּה	une erreur

מַשֶּׁה	un emprunt
מֹשֶׁה	*Moïse*
מַשּׁוּאָה	tromperie
מְשׁוּבָה	retour en arrière, apostasie
מְשׁוּגָה	erreur
מְשׁוֹאָה	désolation
מְשׁוֹבָב	*Meshobab*
מָשׁוֹט	une rame
מִשְׁחָה	partie consacrée
מָשְׁחָה	onguent, portion consacrée
מַשְׁחִית	ruine, destruction
מִשְׁחָר	aube
מָשְׁחָת	corruption (cérémonie)
מַשְׁחֵת	ruine, destruction
מָשְׁחַת	déformé, entaché
מִשְׁטוֹחַ	un lieu d'étalement (pour faire sécher des fruits ou des filets)
מִשְׁטָר	règle, autorité
מֶשִׁי	(matière coûteuse pour les vêtements) de la soie
מְשֵׁיזַבְאֵל	*Meshezabel*

מִשְׁכָּב	lieu où l'on s'allonge, divan, action de s'allonger
מִשְׂכוֹת	corde
מִשְׁכָּן	lieu d'habitation, tabernacle
מֶשֶׁךְ	(1) un tirage, un tirage, une piste (2) *Meshech*
מָשָׁל	(1) *Mashal*, un endroit à Asher (2) un proverbe, une parabole
מֹשֶׁל	domination
מִשְׁלוֹחַ	s'étendre, envoyer
מִשְׁלָח	(1) entreprise (2) pâturage
מִשְׁלַחַת	une décharge, une députation, un envoi
מְשֻׁלָּם	*Meshullam*
מְשִׁלֵּמוֹת	*Meshillemith*
מְשֶׁלֶמְיָה	*Meshelemiah*
מְשֶׁלֶמְיָהוּ	*Meshelemiah*
מְשֻׁלֶּמֶת	*Meshullemeth*
מְשַׁמָּה	dévastation, gaspillage, horreur
מִשְׁמָן	graisse
מִשְׁמַנָּה	*Mishmannah*
מַשְׁמַנִּים	graisse, nourriture richement préparée
מִשְׁמָע	(1) quelque chose entendu, rumeur (2) *Massa*

מִשְׁמַעַת	une bande obéissante, un corps de sujets
מִשְׁמָר	lieu d'enfermement, prison, garde, surveillance, observation
מִשְׁמֶרֶת	un gardien, une garde, une charge, une fonction
מִשְׁנֶה	un double, une copie, un second
מִשְׁסָה	un butin, un pillage
מִשְׁעוֹל	un passage creux
מִשְׁעִי	une purification
מִשְׁעָם	Misham
מַשְׁעֵן	soutien
מִשְׁעָן	un support, un personnel
מַשְׁעֵנָה	un support, une équipe
מִשְׁעֶנֶת	une équipe
מִשְׁפָּחָה	un clan
מִשְׁפָּט	jugement
מִשְׁפְּתַיִם	des cheminées, des tas de cendres
מַשָּׁק	une course, une précipitation
מֶשֶׁק	acquisition, possession
מְשֻׁקָּד	en forme de fleur d'amandier
מַשְׁקֶה	(1) irrigation, boisson (2) maître d'hôtel, échanson

מִשְׁקוֹל	lourdeur, poids
מַשְׁקוֹף	linteau (d'une porte)
מִשְׁקָל	poids
מִשְׁקֶלֶת	un instrument de nivellement, un niveau
מִשְׁקָע	ce qui est décanté ou clarifié
מִשְׁרָה	jus
מִשְׁרָעִי	Mishraites
מִשְׁתֶּה	un festin, une boisson
מַתְבֵּן	un tas de paille
מֶתֶג	une bride
מְתוּשָׁאֵל	*Methushael*
מְתוּשֶׁלַח	*Mathusalem*
מְתִים	homme, mâle
מַתְכֹּנֶת	mesure
מְתַלְּעוֹת	crocs des dents
מְתֹם	solidité
מַתָּן	(1) *Mattan* (2) un cadeau
מַתָּנָה	(1) un cadeau (2) *Mattanah*
מַתְּנַי	*Mattenai*

מִתְנִי	Mithnite
מַתַּנְיָה	Mattaniah
מַתַּנְיָהוּ	Mattaniah
מָתְנַיִם	hanches, reins
מָתֶק	douceur
מֹתֶק	douceur
מִתְקָה	Mithkah
מִתְרְדָת	Mithredath
מַתָּת	cadeau, récompense
מַתַּתָּה	Mattattah
מַתִּתְיָה	Mattithiah
מַתִּתְיָהוּ	Mattithiah

נֹא	No (Thèbes)
נֹאד	peau, bouteille de peau
נְאוּפִים	adultère
נְאֻם	énoncé
נַאֲפוּפִים	adultère
נֶאָצָה	mépris, blasphème
נְאָצָה	mépris
נְאָקָה	gémissement
נֹב	Nob
נְבוּאָה	une prophétie
נְבוּזַרְאֲדָן	Nebuzaradan
נְבוּכַדְרֶאצַּר	Nabuchodonosor
נְבוּשַׁזְבָּן	Nebushazban

נְבוֹ	Nebo
נָבוֹת	un Jézrélien
נֹבַח	Nobah
נִבְחַז	Nibhaz
נְבָט	Nebat
נָבִיא	un porte-parole, un orateur, un prophète
נְבִיאָה	une prophétesse
נְבָיוֹת	Nebajoth
נֵבֶךְ	une source
נֵבֶל	une bouteille en peau, une peau, une jarre, une cruche
נְבָלָה	insignifiance, disgrâce
נְבֵלָה	une carcasse, un cadavre
נַבְלוּת	immodestie, impudeur
נְבַלָּט	Neballat
נֹבֶלֶת	dépérissement
נִבְשָׁן	Nibshan
נֶגֶב	pays du sud, le *Négueb*, le sud
נֹגַהּ	(1) clarté, lumière du jour (2) *Nogah*
נְגֹהוֹת	lueur de lumière

נָגִיד	un chef, un souverain, un prince
נְגִינָה	musique
נֶגַע	un coup, un fléau, une marque
נֶגֶף	un coup, une frappe
נִגְרֶת	couler, s'enfuir
נֵד	un tas, un barrage
נָדָב	Nadab
נְדָבָה	volontariat, offrande volontaire
נְדַבְיָה	Nedabiah
נְדֻדִים	ballottement, comme pendant les périodes d'insomnie
נִדָּה	(1) menstruation (2) impureté
נֶדֶה	don
נְדִיבָה	noblesse, noblesse
נָדָן	(1) une gaine (2) un cadeau
נֶדֶר	un vœu
נֹהַ	éminence, distinction
נְהִי	un gémissement, une lamentation, un chant de deuil
נַהֲלָל	Nahalal
נַהֲלֹל	un pâturage

נַהַם	grognement (d'un lion)
נְהָמָה	un grognement, un gémissement
נָהָר	un ruisseau, une rivière
נְהָרָה	une lumière, le jour
נָוָה	habiter, demeurer
נָוֶה	(1) habitation, demeurer (2) demeure du berger ou des troupeaux, habitation
נָווֹת	Naioth
נוּמָה	somnolence, indolence
נוּן	Nun, père de Josué
נוֹב	fruit
נוֹבַי	Nebai
נוֹד	(1) Nod (2) errance (de fugitif sans but)
נוֹדָב	Nodab
נוֹחַ	lieu de repos, repos
נוֹחָה	Nohah
נוֹעַדְיָה	Noadiah
נוֹף	élévation, hauteur
נוֹצָה	plumage
נָזִיד	quelque chose de trempé ou de bouilli, potage

נָזִיר	personne consacrée, dévouée
נָזַל	ruisseau
נֶזֶם	un anneau (porté comme un ornement)
נֶזֶק	blessure, dommage
נֵזֶר	consécration, couronne
נֹחַ	Noé ("repos")
נַחְבִּי	Nahbi
נַחוּם	Nahum
נְחוּם	Nehum
נְחוּשָׁה	cuivre, bronze
נָחוֹר	Nahor
נְחִילוֹת	un terme musical
נָחִיר	une narine
נַחַל	torrent, vallée du torrent, oued
נַחֲלָה	possession, propriété, héritage
נַחֲלִיאֵל	Nahaliel
נֶחֱלָמִי	Néhélamite
נַחַם	Naham
נֹחַם	tristesse, repentir

נֶחָמָה	réconfort
נְחֶמְיָה	Néhémie
נִחֻמִים	réconfort, compassion
נַחֲמָנִי	Nahamani
נָחַר	s'ébrouer
נַחֲרָה	s'ébrouer
נַחְרַי	Naharai
נָחָשׁ	(1) Nahash (2) un serpent
נַחַשׁ	divination, enchantement
נַחְשׁוֹן	Nahshon
נְחֹשֶׁת	cuivre, bronze
נְחֻשְׁתָּא	Nehushta
נְחֻשְׁתָּן	Nehushtan
נַחַת	(1) Nahath (2) descente (3) tranquillité, repos
נְטוֹפָתִי	un Netophathite
נָטִיל	chargé de
נֶטַע	une plante
נְטִישָׁה	une brindille, une vrille
נֵטֶל	charge, poids

נֶטַע	plantation, plante
נְטָעִים	Netaim
נָטָף	(1) une goutte (2) un stacte, une sorte de gomme
נֶטֶף	gouttes
נְטָפָה	une goutte, un pendentif
נְטֹפָה	Netophah
נִי	gémissement
נִיב	fruit
נֵיבַי	Nebai
נִיד	mouvement frémissant (des lèvres)
נִידָה	impureté
נִיחוֹחַ	apaisant, calmant, tranquillisant
נִין	progéniture, postérité
נִינְוֵה	Niniveh
נִיסָן	Nisan
נִיצוֹץ	une étincelle
נִיר	(1) un terrain cultivable, non cultivé ou en jachère (2) une lampe
נָכָא	frappé
נְכֹאת	une épice

נֶכֶד	progéniture, postérité
נְכֹה	Nécho
נָכוֹן	souffler
נֵכֶל	volonté, ruse, friponnerie
נְכָסִים	richesse
נֵכָר	ce qui est étranger, l'étrangeté
נֵכֶר	malheur
נְכֹת	maison du trésor
נִמְבְזֶה	vil, méprisé
נְמוּאֵל	Nemuel
נְמוּאֵלִי	Nemuelites
נְמָלָה	une fourmi
נָמֵר	un léopard
נִמְרוֹד	Nimrod
נִמְרָה	Nimrah
נִמְרִים	Nimrim
נִמְשִׁי	Nimshi
נֵס	un étendard, une enseigne, un signal, un signe
נְסִבָּה	tournant des affaires

נָסִיךְ	(1) une libation, une image fondue (2) un prince
נֶסֶךְ	(1) image fondue (2) une libation
נִסְרֹךְ	*Nisroch*
נֵעָה	*Neah*
נֹעָה	*Noé*
נְעוּרִים	jeunesse, début de la vie
נְעִיאֵל	*Neiel*
נַעַל	une sandale, une chaussure
נַעַם	*Naam*
נֹעַם	plaisir, agrément
נַעֲמָה	*Naamah*
נָעֳמִי	belle-mère de Ruth
נַעֲמִי	*Naamites*
נַעֲמָן	(1) *Naaman* (2) agréabilité
נַעֲמָנִים	agrément
נַעֲמָתִי	*Naamahites*
נַעֲצוּץ	un buisson d'épines
נַעַר	(1) un garçon, un jeune homme, une jeunesse (2) une secousse, une dispersion
נֹעַר	la jeunesse, le début de la vie

נַעֲרָה	une fille, une jeune fille
נְעוּרוֹת	temps de la jeunesse
נַעֲרַי	Naarai
נְעַרְיָה	Neariah
נַעֲרָן	Naaran
נְעֹרֶת	étoupe (pour faire du fil)
נֹף	Noph (Memphis)
נֶפֶג	Nepheg
נָפָה	(1) un tamis (2) hauteur
נְפוּסִים	Nephisim
נֹפַח	Nophah
נְפִילִים	géants, les Nephilim
נָפִישׁ	Naphish
נְפִישְׂסִים	Nephushesim
נֹפֶךְ	(une pierre précieuse) l'émeraude
נֵפֶל	fausse couche
נֶפֶץ	un orage violent
נֶפֶשׁ	une âme, un être vivant, une vie, un soi, une personne, un désir, une passion, un appétit, une émotion

נֹפֶת	hauteur, une ville appartenant à Manassé
נֹפֶת	miel coulant, miel du rayon
נַפְתּוּלִים	des luttes
נִפְתּוֹחַ	Nephtoah
נַפְתֻּחִים	Naphtuhim
נַפְתָּלִי	Nephtali
נֵץ	(1) une fleur (2) épervier, faucon (un oiseau de proie)
נִצָּב	arbre, poignée (d'une épée)
נִצָּה	une fleur
נֹצָה	plumage
נְצוּרִים	lieu secret
נֵצַח	jus (de raisin), sang, gore
נְצִיב	(1) un pilier, un préfet, une garnison, un poste (2) Nezib
נְצִיחַ	Neziah
נֵצֶר	un germe, une pousse
נֶקֶב	des douilles (terme technique du travail de bijoutier)
נְקֵבָה	une femelle
נֹקֵד	éleveur de moutons, marchand de moutons, fournisseur de moutons

נְקֻדָּה	une pointe ou une goutte
נִקֻּדִים	ce qui est émietté ou s'émiette facilement, miettes
נְקוֹדָא	Nekoda
נִקָּיוֹן	innocence
נָקִיק	fente (d'une roche)
נָקָם	vengeance
נְקָמָה	vengeance
נֹקֶף	un coup porté
נִקְפָה	une corde d'encerclement
נְקָרָה	trou, crevasse
נֵר	père d'Abner, également père de Kish
נֵרְגַל	Nergal
נֵרְגַל שַׂר־אֶצֶר	Nergal-sar-ezer
נֵרְדְּ	nard
נֵרִיָּה	Neriah
נֵרִיָּהוּ	Neriah
נְשׂוּאָה	ce qui est porté
נָשִׂיא	(1) brume montante, vapeur (2) celui qui est élevé, un chef, un prince
נָשֶׁה	une veine (ou un nerf) de la cuisse

נְשִׁי	une dette
נְשִׁיָּה	l'oubli
נְשִׁיקָה	un baiser
נִשְׁכָּה	une chambre
נֶשֶׁךְ	intérêt, usure
נְשָׁמָה	souffle
נֶשֶׁף	crépuscule
נֶשֶׁק	équipement, armes
נֶשֶׁר	un aigle
נִשְׁתְּוָן	une lettre
נְתוּנִים	donnée
נֵתַח	un morceau (d'une carcasse divisée)
נָתִיב	chemin, sentier
נְתִיבָה	chemin, sentier
נָתִין	esclaves du temple
נָתָן	le nom d'un certain nombre d'Isr.
נְתַנְאֵל	Nathaniel
נְתַנְיָה	donné de Yah, le nom de plusieurs Isr.
נְתַנְיָהוּ	Nethaniah

נְתַן־מֶלֶךְ	*Nathanmelech*
נֶתֶק	gale
נֶתֶר	natron ou carbonate de soude

סְאָה	seah (une mesure de farine ou de grain)
סְאוֹן	sandale, botte (de soldat)
סַאסְאָה	bannir
סְבָא	liseron, convolvus
סֹבֶא	une boisson, une liqueur
סְבָא	Seba
סְבָאִים	Sabéens
סִבָּה	un tournant (des affaires)
סִבְּכַי	Sibbechai
סְבָךְ	un fourré
סֹבֶךְ	un fourré
סַבָּל	porteur de charge
סֵבֶל	une charge, un fardeau

סֵבֶל	un fardeau
סִבְלוֹת	charge, travail obligatoire
סִבֹּלֶת	un épi (de blé, etc.)
סִבְרַיִם	Sibraim
סַבְתָּא	Sabtah
סַבְתְּכָא	Sabteca
סָגוּר	or, plaque d'or
סְגוֹר	une enceinte, un encastrement
סְגֻלָּה	possession, propriété
סֶגֶן	un préfet, un dirigeant
סְגֹר	manche d'une lance
סַגְרִיר	pluie régulière ou persistante
סַד	crosse (pour attacher les pieds des prisonniers)
סָדִין	vêtement de lin
סְדֹם	Sodom
סֵדֶר	arrangement, ordre
סַהַר	rondeur
סֹהַר	rondeur
סוּג	crasse

סוּגַר	une cage, une prison
סוּחַ	Suah
סוּחָה	abats
סְוֵנֵה	Syène
סוּס	un cheval
סוּסָה	une jument
סוּסִי	Susi
סוּף	(1) roseaux, joncs (2) Suph
סוּפָה	(1) tempête, coup de vent (2) Suphah
סוּת	vêtement
סוֹא	So (un roi égyptien)
סוֹד	conseil, avis
סוֹדִי	Sodi
סוֹטַי	Sotai
סוֹף	un bout
סְחָבָה	un chiffon
סְחִי	un tissu
סָחִישׁ	quelque chose qui pousse tout seul (une sorte de grain)
סַחַר	commerce, gain

סֹחֵרָה	un bouclier
סְחֹרָה	une marchandise
סֹחֶרֶת	une pierre (utilisée pour le pavage)
סָט	révolter
סִיג	reculer ou s'éloigner, scories
סִיוָן	*Sivan*
סִיחוֹן	un roi des Amorites
סִין	*Sin* (désert entre Elim et Sinaï)
סִינַי	*Sinaï*
סִינִי	un peuple cananéen
סִינִים	*Sinim*
סִיס	rapide
סִיסְרָא	*Sisera*
סִיעֲהָא	*Siaha*
סִיר	(1) une épine, un crochet (2) un pot
סִירָה	un hameçon, une canne à pêche
סֻכָּה	un fourré, un stand
סִכּוּת	*Sikkuth*
סֻכּוֹת	*Succoth*

סֻכּוֹת בְּנוֹת	Succoth-benoth
סְכָכָה	Secacah
סֹכֵךְ	protecteur
סָכָל	un fou
סֶכֶל	folie
סִכְלוּת	folie
סָךְ	multitude
סֹךְ	un fourré, une cachette, un repaire
סַל	panier
סַלֻּא	Sallu
סַלָּא	Silla
סֶלֶד	Seled
סַלּוֹן	bruyère
סַלַּי	Sallai
סְלִיחָה	pardon
סַלְכָה	Salecah
סֹלְלָה	un monticule
סֻלָּם	une échelle
סַלְסִלָּה	une branche

סֶלַע	(1) *Sela* (2) un rocher, une falaise
סָלְעָם	un criquet
סֶלַע הַמַּחְלְקוֹת	rocher d'évasion
סֶלֶף	cambrure, affaire tordue
סֹלֶת	farine fine
סַם	épice (utilisée dans l'encens)
סַמְגַּר־נְבוּ	*Samgar-nebu*
סְמָדַר	fleur (de raisin)
סְמַכְיָהוּ	*Shemaiah*
סֶמֶל	une image, une statue
סְנָאָה	une famille d'exilés de retour au pays
סַנְבַלַּט	*Sanballat*
סֶנֶה	*Seneh*
סְנֶה	buisson
סְנוּאָה	*Hassenuah*
סַנְוֵרִים	cécité soudaine
סַנְחֵרִיב	*Sennacherib*
סַנְסַנָּה	*Sansannah*
סַנְסִנָּה	pédoncule du dattier

סְנַפִּיר	un aileron
סָס	un papillon de nuit
סִסְמַי	*Sismai*
סָעִיף	une fente, une branche
סָעֵף	divisée, en demi-teinte
סְעַפָּה	un rameau, une branche
סְעִפִּים	division, avis partagé
סַעַר	une tempête
סְעָרָה	une tempête, un vent de tempête
סַף	(1) *Saph*, un Philistin (2) seuil (3) bassin, gobelet
סַפַּחַת	une éruption, une gale
סִפַּי	*Sippai*
סָפִיחַ	(1) jaillissement (2) croissance à partir de grains renversés
סְפִינָה	un vaisseau, un navire
סַפִּיר	un saphir
סֵפֶל	un bol
סִפֻּן	un plafond
סֵפֶק	claquement de mains, c'est-à-dire moquerie
סֵפֶר	une missive, un document, un écrit, un livre

סֹפֵר	recenseur, secrétaire, scribe
סְפָר	(1) dénombrement, recensement (2) *Sephar*
סְפָרַד	*Sepharad*
סְפָרָה	un livre
סְפָרְוַיִם	*Sepharvaim*
סְפֹרוֹת	numéro
סֹפְרִים	scribes
סֹפֶרֶת	*Hassophereth*
סָרָב	des épines
סַרְגוֹן	*Sargon*
סֶרֶד	*Sered*
סָרָה	détournement, défection, apostasie, retrait
סֶרַח	excès
סִרְיוֹן	armure
סָרִיס	eunuque
סֶרֶן	(1) un essieu (2) tyran, seigneur, gouverneur
סַרְעַפָּה	un rameau
סַרְפַּד	ortie (une plante du désert)
סְתָו	l'hiver

סְתוּר	Sethur
סֵתֶר	une couverture, une cachette, un secret
סִתְרָה	abri, protection
סִתְרִי	Sithri

עָב	(1) nuage sombre, nuages, fourré (2) un atterrissage
עֶבֶד	un travail
עֶבֶד	esclave, serviteur
עַבְדָא	Abda
עַבְדְאֵל	Abdeel
עֲבֹדָה	service
עֲבֹדָה	travail, service
עַבְדוּת	servitude, asservissement
עַבְדוֹן	Abdon
עַבְדִי	Abdi
עַבְדִיאֵל	Abdiel
עֹבַדְיָה	Obadiah

עֹבַדְיָהוּ	Obadiah
עֶבֶד־מֶלֶךְ	Ebed-melech
עֹבֵד אֱדֹם	Obed-Edom
עֲבֵד נְגוֹ	Abed-Nego
עֲבוּר	produire
עֲבוֹט	un gage, un article mis en gage
עַבְטִיט	poids des gages, dettes lourdes
עֳבִי	épaisseur
עֵבֶר	(1) Région en travers, au-delà (2) *Eber*, un descendant de Shem
עֲבָרָה	gué
עֶבְרָה	débordement, arrogance, fureur
עִבְרִי	a Hébreu
עֲבָרִים	Abarim
עֶבְרֹן	Hébron
עַבְרֹנָה	Abronah
עֲבֹת	cordon, corde, cordage
עֲגָבָה	luxure
עֻגָה	pain rond et plat
עָגוּר	(une sorte d'oiseau) une grue

עָגִיל	un cerceau, un anneau
עֵגֶל	un veau
עֲגָלָה	une charrette
עֶגְלָה	(1) *Eglah* (2) une génisse
עֶגְלוֹן	*Eglon*
עֶגְלַת שְׁלִשִׁיָּה	*Eglath-shelishiyah*
עֵד	un témoin
עָדָה	*Adah*
עִדָּה	menstruation
עֵדָה	(1) témoignage, témoin (2) congrégation
עֵדוּת	témoignage
עִדּוֹ	*Iddo*
עִדּוֹא	*Iddo*
עֲדִי	ornements
עֲדָיָא	*Iddoa*
עֲדִיאֵל	*Adiel*
עֲדָיָה	*Adaiah*
עֲדָיָהוּ	*Adaiah*
עֲדִינָא	*Adina*

עֲדִיתַיִם	Adithaim
עַדְלָי	Adlai
עֲדֻלָּם	Adullam
עֲדֻלָּמִי	Adullamite
עֵדֶן	Eden
עֶדֶן	(1) *Eden* (2) un luxe, une délicatesse, un délice
עַדְנָא	Adna
עַדְנָה	Adnah
עֶדְנָה	plaisir
עַדְנַח	Adnah
עַדְעָדָה	Adadah
עֵדֶר	Eder
עֶדֶר	(1) un lévite (2) *Eder*, un endroit dans le sud de la Judée (3) un troupeau, une troupe.
עַדְרִיאֵל	Adriel
עֲדָשָׁה	une lentille
עוּגָב	flûte, tuyau de roseau
עַוָּה	déformation, ruine
עֱוִיל	(1) un injuste (2) un jeune garçon
עַוִּים	Avvim

עֲוִית	Avith
עוֹל	un enfant qui tète, qui tète
עָוֶל	l'injustice, l'iniquité
עַוָּל	un injuste, un inéquitable
עַוְלָה	injustice, iniquité, tort
עָוֹן	iniquité, culpabilité, punition
עִוְעִים	déformer
עוּץ	Uz
עִוָּרוֹן	cécité
עַוֶּרֶת	cécité
עַוָּתָה	subversion
עוּתַי	Uthai
עוֹבֵד	Obed
עוֹבָל	Obal
עוֹג	roi de Bashan
עוֹדֵד	Oded
עוֹלָל	enfant
עוֹלֵל	un enfant
עוֹלָם	longue durée, antiquité, avenir

עוֹף	(1) créatures volantes (2) volatiles
עוֹפַי	Ephai
עוֹר	une peau
עֵז	chèvre femelle
עֹז	force, puissance
עַזָּא	Uzza
עֲזָאזֵל	suppression totale
עַזְבּוּק	Azbuk
עִזָּבוֹן	marchandises
עַזְגָּד	Azgad
עֻזָּה	Uzzah
עַזָּה	une ville philistine
עֲזוּבָה	Azubah
עֱזוּז	force, puissance, férocité
עָזָז	Azaz
עֲזַזְיָהוּ	Azaziah
עֻזִּי	Uzzi
עֻזִּיָּא	Uzzia
עֻזִּיאֵל	Uzziel ("ma force, c'est Dieu")

עֲזִיאֵל	Aziel
עֲזִיָּה	ma force, c'est Yah, le nom de plusieurs Isr.
עֲזִיָּהוּ	Ozias
עֲזִיזָא	Aziza
עַזְמָוֶת	Azmaveth
עַזָּן	Azzan
עָזְנִיָּה	(un oiseau de proie) un vautour
עֲזֵקָה	un lieu en Judée
עַזּוּר	Azzur
עֵזֶר	(1) *Ezer* ("aide") (2) une aide, un assistant
עֶזְרָא	Ezra
עֲזַרְאֵל	Azarel
עֲזָרָה	enceinte
עֶזְרָה	(1) *Ezra* ("aide") (2) aide, assistant, assistance
עֶזְרִי	Ezri
עֲזְרִיאֵל	Azriel
עֲזַרְיָה	Azariah
עֲזַרְיָהוּ	Azariah
עַזְרִיקָם	Azrikam

עֵט	un stylet
עָטוּף	malade, faible
עֲטִין	seau
עֲטִישָׁה	un éternuement
עֲטַלֵּף	une chauve-souris
עֲטָרָה	(1) *Atarah* (2) une couronne, un couronnement
עֲטָרוֹת	*Ataroth*
עַטְרוֹת אַדָּר	*Ataroth-addar*
עַטְרוֹת בֵּית יוֹאָב	*Atroth-beth-joab*
עַטְרֹת שׁוֹפָן	*Atroth-shophan*
עַי	*Ai*
עִי	une ruine, un tas de ruines
עֵיבָל	*Ebal*
עַיָּה	*Ayyah*
עִיּוֹן	*Ijon*
עַיִט	un oiseau de proie
עֵיטָם	*Etam*
עִיִּים	*Iyim*

עִיֵּי הָעֲבָרִים	Iyeabarim
עִילַי	Ilai
עֵילָם	Elam
עַיָם	une lueur
עַיִן	(1) une source (d'eau) (2) un œil (3) deux endroits en Isr.
עֵינַיִם	Enaim
עֵינָם	Enam
עֵינָן	Enan
עֵין גֶּדִי	Engedi
עֵין גַּנִּים	En-gannim
עֵין דּוֹר	En-dor
עֵין הַקּוֹרֵא	En-hakkore
עֵין הַתַּנִּין	le puits du dragon
עֵין חַדָּה	En-haddah
עֵין חָצוֹר	En-hazor
עֵין חֲרֹד	source de Harod
עֵין מִשְׁפָּט	En-mishpat
עֵין עֶגְלַיִם	Eneglaim
עֵין רֹגֵל	En-rogel

עֵין רִמּוֹן	En-rimmon
עֵין שֶׁמֶשׁ	En-shemesh
עֵין תַּפּוּחַ	En-tappuah
עֵיפָה	(1) obscurité (2) Ephah
עֵיפַי	Ephai
עַיִר	un âne mâle
עִיר	ville, village
עִירָא	Ira
עִירָד	Irad
עִירוּ	Iru
עִירִי	Iri
עִירָם	Iram
עַיִשׁ	(une constellation) la Grande Ourse
עַכְבּוֹר	Achbor
עַכָּבִישׁ	une araignée
עַכְבָּר	une souris
עַכּוֹ	Acco
עָכוֹר	perturbation, une vallée à la frontière de Juda
עָכָן	Achan

עֶכֶס	un bracelet de cheville, un bracelet métallique
עַכְסָה	Achsah
עָכָר	Achar
עֶכְרָן	un Asherite
עַכְשׁוּב	aspic, vipère
עֹל	un joug
עִלָּא	Ulla
עָלֶה	feuille, feuillage
עֹלָה	(1) holocauste entier (2) montée, escalier
עַלְוָה	Alvah
עֲלוּמִים	jeunesse, vigueur juvénile
עַלְוָן	Alvan
עֲלוּקָה	une sangsue
עֲלָטָה	obscurité épaisse
עֱלִי	un pilon
עֵלִי	un prêtre à Shiloh
עֲלָיָה	Aliah
עֲלִיָּה	une chambre de toit
עֲלִיל	un four, un creuset

עֲלִילָה	dévergondage, acte
עֲלִילִיָּה	un acte
עֲלִיצוּת	exultation
עֹלֵלוֹת	un glanage
עֶלֶם	un jeune homme
עַלְמָה	une jeune femme, une vierge
עַלְמוֹן	Almon
עַלְמוֹן דִּבְלָתָיְמָה	Almon-diblathaim
עָלֶמֶת	Allemeth
עָלְפֶה	couvrir
עַם	peuple, parenté, nation, tribu
עֹמֶד	un lieu debout
עֲמִדָה	lieu debout
עֻמָּה	proche, côte à côte
עֻמָּה	(1) *Ummah* (2) près de, côte à côte avec
עַמּוּד	un pilier, une colonne
עַמּוֹן	*Ammon*
עַמּוֹנִי	un Ammonite
עָמוֹס	*Amos*

עָמוֹק	Amok
עַמִּיאֵל	Ammiel
עַמִּיהוּד	mon parent est majesté, quatre Isr., aussi un Geshurite
עַמִּיזָבָד	Ammizabad
עַמִּיחוּר	Ammihur
עַמִּינָדָב	Amminadab
עַמִּי־נָדִיב	Amminadib
עָמִיר	un andain, une rangée de grains tombés
עַמִּישַׁדָּי	Ammishaddai
עָמִית	un associé, un compagnon, une relation
עָמָל	peine, travail, labeur
עָמֵל	(1) travailler (2) un travailleur, une personne qui souffre.
עֲמָלֵק	les Amalécites
עֲמָלֵקִי	un Amalécite
עִמָּנוּ אֵל	Immanuel
עֲמַסְיָה	Amasiah
עַמְעָד	Amad
עֵמֶק	une vallée
עֹמֶק	profondeur

עֵמֶק הָאֵלָה	vallée d'Elah
עֵמֶק קְצִיץ	vallée de Keziz
עֹמֶר	(1) un *omer* (une mesure) (2) une gerbe
עֲמֹרָה	*Gomorrah*
עָמְרִי	*Omri*
עַמְרָם	*Amram*
עֲמָשָׂא	*Amasa*
עֲמָשַׂי	*Shelemiah*
עֲמַשְׁסַי	*Amashsai*
עֲנָב	*Anab*
עֵנָב	un raisin
עֹנֶג	délicatesse, délice exquis
עֲנָה	*Anah*
עֹנָה	cohabitation
עָנוּב	*Anub*
עֲנָוָה	occupation, soins
עֲנָוָה	humilité
עֲנוּשִׁים	ceux qui ont été mis à l'amende, condamnés
עֱנוּת	affliction

עֲנוֹק	Anak
עֻנִּי	Unni
עֳנִי	affliction, pauvreté
עֲנָיָה	Anaiah
עֲנִים	Anim
עִנְיָן	occupation, tâche
עֲנָם	Anem
עֲנָמִים	Anamim
עֲנַמֶּלֶךְ	Anammelech
עָנָן	nuages
עֲנָנָה	un nuage
עֲנָנִי	Anani
עֲנַנְיָה	Ananiah
עָנָף	une branche, un rameau
עֲנָק	(1) *Anak* (2) un collier, un pendentif de cou
עָנֵר	Aner
עֹנֶשׁ	une indemnité, une amende
עֲנָת	Anath
עֲנָתוֹת	Anathoth

עֲנְתֹתִי	un habitant d'Anathoth
עֲנְתֹתִיָּה	*Anthothija*
עָסִיס	vin doux
עֳפִי	feuillage
עֹפֶל	(1) une tumeur (2) un monticule, une colline
עָפְנִי	*Ophni*
עַפְעַפִּים	paupière
עָפָר	terre sèche, poussière
עֵפֶר	*Epher*
עֹפֶר	un jeune cerf, un chevreuil
עָפְרָה	un Isr., également deux endroits en Isr.
עֶפְרוֹן	*Ephron*
עֶפְרַיִן	*Ephron*
עֹפֶרֶת	plomb
עֵץ	arbre, arbres, bois
עָצָב	une idole
עָצֵב	travailleur
עֶצֶב	(1) un mal, une douleur, un labeur (2) un vaisseau
עֹצֶב	(1) une douleur (2) une idole

עִצָּבוֹן	une douleur, un labeur
עַצֶּבֶת	un mal, une blessure, une douleur
עָצֶה	colonne vertébrale
עֵצָה	(1) un conseil, un avis (2) des arbres
עֶצְיוֹן גֶּבֶר	*Ezion-geber*
עַצְלָה	léthargie
עַצְלוּת	paresse
עֲצַלְתַּיִם	paresse
עֶצֶם	os, substance, soi
עֹצֶם	pouvoir, os
עָצְמָה	pourrait
עַצְמָה	os, squelette
עֶצְמָה	défense
עַצְמוֹן	*Azmon*
עֶצֶן	Eznite
עֶצְנִי	Eznite
עֶצֶר	contrainte
עֹצֶר	contrainte, coercition
עֲצָרָה	un assemblage

עָקֵב	(1) talon, empreinte, partie postérieure (2) surrévélateur
עָקְבָה	tromperie
עָקָה	pression
עַקּוּב	Akkub
עָקָן	Akan
עֵקֶר	(1) un homme de Juda (2) un rejeton, un membre
עַקְרָב	scorpion
עֶקְרוֹן	Ekron
עֶקְרוֹנִי	Ekronite
עִקְּשׁוּת	tortuosité
עָר	(1) un endroit dans Moab (2) ennemi, adversaire
עֵר	Er ("protecteur")
עָרֹב	essaim
עֲרָב	habitants des steppes
עֲרָב	Arabie
עֶרֶב	soirée
עֶרֶב	mélange, compagnie mixte
עֹרֵב	(1) Oreb (2) un corbeau
עֲרָבָה	une chose échangée, un gage, un jeton

עֲרָבָה	une steppe ou une plaine désertique, ainsi qu'une vallée désertique s'étendant au sud de la mer de Galilée.
עֵרָבוֹן	un gage
עַרְבִי	plateau désertique, steppe, habitants de la steppe
עַרְבִי	un Arabe
עַרְבָתִי	*Arbathite*
עֲרָד	*Arad*
עֲרָה	lieu nu, roseaux, joncs
עֲרוּגָה	une terrasse ou un lit de jardin
עֶרְוָה	nudité
עָרוּץ	épouvantable
עָרוֹד	un âne sauvage
עֲרוֹעֵר	(1) *Aroer* (2) genévrier
עֵרִי	*Eri*
עֲרִיָה	nudité
עֲרִיסָה	farine grossière
עֲרִיפִים	nuage
עֵרֶךְ	un ordre, une rangée, une estimation
עָרְלָה	prépuce

עָרְמָה	ruse, prudence
עֲרֵמָה	un tas
עַרְמוֹן	le platane
עֵרָן	Eran
עֲרוֹעֵר	Aroer
עַרְעָר	dépouillé, démuni
עֲרֹעֵרִי	Aroerite
עֹרֶף	nuque, cou
עָרְפָּה	Orpah
עֲרָפֶל	nuage, nuage lourd
עַרְקִי	Arkite
עֶרֶשׂ	un canapé, divan
עֵשֶׂב	herbe
עֲשָׂהאֵל	Asahel ("Dieu a fait")
עֵשָׂו	Esau
עָשׂוֹר	un groupe de dix, une décennie
עֲשִׂיאֵל	Asiel
עֲשָׂיָה	Asahiah
עֵשֶׂק	Esek

עִשָּׂרוֹן	dixième partie
עָשׁ	une mite
עֲשׁוּקִים	oppression, extorsion
עַשְׂוָת	*Ashvath*
עָשׁוֹק	oppresseur, extorqueur
עָשָׁן	(1) fumée (2) *Ashan*
עֵשֶׁק	*Eshek*
עֹשֶׁק	oppression, extorsion
עֲשֻׁקָה	oppression, détresse
עֹשֶׁר	richesse
עֶשֶׁת	assiette
עַשְׁתּוּת	pensée
עֶשְׁתּוֹן	pensée
עַשְׁתָּרֹת	*Ashtaroth*
עַשְׁתֶּרֶת	jeunes animaux, brebis
עַשְׁתֹּרֶת	*Ashtoreth*
עַשְׁתְּרָתִי	*Ashterathite*
עַשְׁתְּרֹת קַרְנַיִם	*Ashteroth-karnaim*
עֵת	temps

עִתָּה קָצִין	Eth-kazin
עַתּוּד	chèvre mâle
עַתַּי	Attai
עֲתָיָה	Athaiah
עֲתָךְ	un lieu en Judée
עַתְלַי	Athlaïa
עֲתַלְיָה	Athaliah
עֲתַלְיָהוּ	Athaliah
עָתְנִי	Othni
עָתְנִיאֵל	Othniel
עָתָק	effronté, arrogant
עָתָר	(1) suppliant, adorateur (2) une odeur
עֶתֶר	Ether
עֲתֶרֶת	abondance

פֵּאָה	coin, côté
פְּאֵר	coiffe, turban
פֹּארָה	branche
פֹּארָה	pousses, branches
פְּארוּר	beauté, éclat
פָּארָן	*Paran*
פַּג	figue précoce
פִּגּוּל	chose immonde, déchet
פֶּגַע	événement, hasard
פַּגְעִיאֵל	*Pagiel*
פֶּגֶר	cadavre, carcasse
פְּדָהְאֵל	*Pedahel*
פְּדָהצוּר	*Pedahzur*

פְּדוּיִם	une rançon
פְּדוּת	rançon
פָּדוֹן	Padon
פְּדָיָה	Pedaiah
פְּדָיָהוּ	Pedaiah
פִּדְיוֹם	rançon
פִּדְיוֹן	une rançon
פַּדָּן	Paddan
פַּדַּן אֲרָם	Paddan-aram
פֶּדֶר	suif, graisse
פֶּה	bouche
פּוּאָה	Puah
פּוּגָה	abrutissant
פֻּוָּה	Puvvah
פּוּט	Push (Libye)
פּוּטִיאֵל	Putiel
פּוּךְ	antimoine, stibium
פּוּל	Pul
פּוּנִי	Puvahite

פּוּנֹן	*Punon*
פּוּעָה	*Puah*
פּוּקָה	chancelant, titubant
פּוּר	un lot, une fête juive
פּוּרָה	(1) presse à vin (2) rameaux
פּוּתִי	*Puthites*
פּוֹטִיפַר	*Potiphar*
פּוֹטִי פֶרַע	*Potiphera*
פּוֹל	haricots
פּוֹנֶה	tourner
פּוֹרָתָא	*Poratha*
פַּז	or raffiné, pur
פַּח	(1) une plaque (de métal) (2) un piège à oiseaux
פַּחַד	(1) cuisse (2) crainte
פַּחְדָּה	peur, crainte (religieuse)
פֶּחָה	un gouverneur
פַּחַז	insouciance, imprudence
פַּחֲזוּת	insouciance, extravagance
פֶּחָם	charbon

פַּחַת	un puits
פְּחֶתֶת	s'ennuyer ou manger au restaurant
פַּחַת מוֹאָב	Pahath-moab
פִּטְדָה	topaze
פָּטִיר	libre
פַּטִּישׁ	un marteau de forge
פֶּטֶר	ce qui sépare ou ouvre en premier
פִּטְרָה	ce qui sépare ou ouvre en premier
פִּי־בֶסֶת	Pi-beseth
פִּיד	ruine, désastre
פִּיחַ	suie
פִּיכֹל	Phicol
פִּים	(une mesure de poids) deux tiers d'un shekel (environ)
פִּימָה	surabondance
פִּינְחָס	Phinehas
פִּינֹן	Pinon
פִּיפִיּוֹת	bouche
פִּישׁוֹן	Pishon
פִּיתוֹן	Pithon

פִּי הַחִירֹת	Pi-hahiroth
פֹּכֶרֶת הַצְּבָיִם	Pochereth-hazzebaim
פַּךְ	une fiole, un flacon
פֶּלֶא	une merveille
פְּלָאִי	Palluites
פְּלָאיָה	Pelaiah
פֶּלֶג	(1) *Peleg* (2) un canal, une canalisation
פְּלַגָּה	une division
פְּלַגָּה	un cours d'eau, une division
פִּלֶגֶשׁ	concubin
פְּלָדָה	fer, acier
פִּלְדָּשׁ	Pildash
פַּלּוּא	un fils de Ruben
פֶּלַח	clivage, une meule
פִּלְחָא	Pilha
פֶּלֶט	Pelet
פַּלְטִי	Palti
פִּלְטַי	Piltai
פַּלְטִיאֵל	Paltiel

פְּלַטְיָה	*Pelatiah*
פְּלַטְיָהוּ	*Pelatiah*
פְּלָיָה	*Pelaiah*
פָּלִיט	un échappé, un fugitif
פָּלֵיט	un évadé, un fugitif
פְּלֵיטָה	un évadé
פָּלִיל	un juge
פְּלִילָה	fonction de juge ou d'arbitre
פְּלִילִיָּה	le fait de rendre une décision
פֶּלֶךְ	tourbillon d'un fuseau, un quartier
פָּלָל	*Palal*
פְּלַלְיָה	*Pelaliah*
פֶּלֶס	une balance, un plateau
פַּלָּצוּת	un frémissement
פְּלֶשֶׁת	*Philistia*
פְּלִשְׁתִּי	habitant de la Philistie
פֶּלֶת	*Peleth*
פְּלֵתִי	certains des soldats de David
פַּנַּג	(une sorte de nourriture) un gâteau

פָּנָה		front, face, surface
פִּנָּה		un coin
פְּנוּאֵל		Penuel
פְּנִיאֵל		Peniel
פְּנִיִּים		coraux
פְּנִינִים		coraux
פְּנִנָּה		Peninnah
פַּס		(1) plat (de la main ou du pied) (2) paume (de la main)
פִּסְגָּה		Pisgah
פִּסָּה		abondance, profusion
פָּסֵחַ		Paseah
פֶּסַח		fête de la Pâque
פָּסִיל		une idole, une image
פֶּסֶךְ		Pasach
פֶּסֶל		une idole, une image
פִּסְפָּה		Pispa
פַּס דַּמִּים		Pasdammim
פָּעוּ		Pau
פְּעוֹר		Peor

פֹּעַל	faire, action, travail
פְּעֻלָּה	un travail, une récompense
פְּעֻלְּתַי	Peullethai
פַּעַם	un battement, un pied, une enclume, une occurrence
פַּעֲמוֹן	cloche (sur la robe du grand prêtre)
פַּעֲרַי	Paarai
פְּצִירָה	la franchise
פְּצָלָה	tache ou rayure pelée
פֶּצַע	une contusion, une blessure
פָּצֵץ	Aphses
פִּק	chancelant, titubant
פְּקֻדָּה	surveillance, rassemblement, visite, magasin
פִּקָּדוֹן	un dépôt, un magasin
פְּקֻדַּת	surveillance
פִּקּוּדִים	préceptes, instructions
פְּקוֹד	Pekod
פֶּקַח	Pekah
פְּקַחְיָה	Pekahiah
פְּקַח־קוֹחַ	une ouverture

פָּקִיד	commissaire, adjoint, surveillant
פְּקָעִים	ornements en forme de calebasse
פַּקֻּעֹת	gourdes
פַּר	jeune taureau, bouvillon
פֶּרֶא	un âne sauvage
פִּרְאָם	Piram
פַּרְבָּר	une structure sur le côté ouest du temple de Salomon.
פֶּרֶד	une mule
פִּרְדָּה	une mule femelle
פְּרֻדוֹת	grain de semence
פַּרְדֵּס	une réserve, un parc
פֻּרָה	Purah
פָּרָה	(1) une génisse, une vache (2) Parah
פְּרוּדָא	Peruda
פָּרוּחַ	Paruah
פַּרְוַיִם	Parvaim
פָּרוּר	un pot
פְּרוֹזִים	région ouverte
פָּרַז	des guerriers

פְּרָזוֹן	une population rurale
פְּרָזוֹת	pays ouvert
פְּרָזִי	habitant d'un hameau
פְּרִזִּי	Perizzite
פֶּרַח	un bourgeon, une pousse
פְּרַחַח	couvain
פֶּרֶט	le fruit brisé
פְּרִי	fruit
פָּרֹכֶת	un rideau
פֶּרֶךְ	dureté, sévérité
פַּרְמַשְׁתָּא	*Parmashta*
פַּרְנַךְ	*Parnach*
פָּרַס	*Perse*
פֶּרֶס	(un oiseau de proie) un gypaète barbu
פַּרְסָה	un sabot
פַּרְסִי	*Perse*
פֶּרַע	(1) chef (2) cheveux longs, mèches
פַּרְעֹה	Pharaon
פַּרְעֹשׁ	(1) *Pharoah* (2) puce

פִּרְעָתוֹן	Pirathon
פִּרְעָתוֹנִי	Pirathonites
פַּרְפַּר	Pharpar
פֶּרֶץ	(1) *Perez* (2) un jaillissement, une brèche
פַּרְצִי	Perezites
פְּרָצִים	une montagne en Isr.
פֶּרֶץ עֻזָּא	Perez-uzza
פֶּרֶץ עֻזָּה	Perez-uzzah
פָּרָק	fragment
פֶּרֶק	séparation des chemins, pillage
פָּרָשׁ	(1) cavalier (2) un cheval, un destrier
פֶּרֶשׁ	(1) un Manassite (2) matière fécale
פַּרְשֶׁגֶן	une copie
פַּרְשְׁדוֹן	un déchet
פָּרָשָׁה	déclaration exacte
פַּרְשַׁנְדָּתָא	*Parshandatha*
פְּרָת	Euphrate
פַּרְתְּמִים	nobles
פֶּשַׂע	un pas

פֶּשׁ	folie
פַּשְׁחוּר	*Pashhur*
פֶּשַׁע	transgression
פֵּשֶׁר	solution, interprétation
פֵּשֶׁת	lin, linge
פִּשְׁתָּה	lin
פַּת	fragment, morceau
פֹּת	une charnière
פַּת־בַּג	nourriture, provisions
פִּתְגָם	un ordre, un mot, une affaire
פְּתוּאֵל	*Pethuel*
פִּתּוּחַ	une gravure
פְּתוֹר	*Pethor*
פְּתוֹת	fragment, morceau, bouchée de pain
פֶּתַח	ouverture, porte, entrée
פֵּתַח	une ouverture, un dépliage
פִּתָחוֹן	ouverture
פְּתַחְיָה	*Pethahiah*
פֶּתִי	simple, ouvert d'esprit

פְּתִיגִיל	une robe de chambre coûteuse
פְּתַיּוּת	simple, insensé
פְּתִיחָה	épée dégainée
פָּתִיל	corde, fil
פִּתֹם	*Pithom*
פֶּתֶן	(un serpent venimeux) un cobra
פִּתְרוֹן	interprétation
פַּתְרוֹס	*Pathros*
פַּתְרֻסִי	*Pathrus*
פַּתְשֶׁגֶן	copie

צֵא	sortir, aller de l'avant
צָאָה	saleté, excréments humains
צֹאָה	saleté, excréments
צֶאֱלִים	(une sorte de) lotus
צֹאן	troupeau, mouton
צַאֲנָן	Zaanan
צֶאֱצָא	issue, progéniture, produit
צָב	(1) une portée, un wagon (2) lézard
צָבָא	armée, guerre, combat
צְבֹאִים	Zeboiim
צֹבֵבָה	Zobebah
צְבִי	(1) gazelle (2) beauté, honneur
צִבְיָא	Zibia

צִבְיָה	*Zibia*
צְבִיָּה	gazelle femelle
צֶבַע	teinture, matière teinte
צִבְעוֹן	*Zibeon*
צְבֹעִים	*Zeboim*
צִבֻּר	un tas
צֶבֶת	bottes de céréales
צַד	côté, hanche
צְדָד	*Zedad*
צָדוֹק	le nom de plusieurs Isr.
צְדִיָּה	un gisant
צִדִּים	*Ziddim*
צֶדֶק	justesse, droiture
צְדָקָה	droiture
צִדְקִיָּה	*Zedehiah*
צִדְקִיָּהוּ	*Sédécias* ("Yah est justice")
צֹהַר	(1) midi (2) toit
צָהֳרַיִם	midi
צַו	commandement

צַוָּאר	cou, nuque
צְוָחָה	un cri
צוּלָה	(océan) profond
צוֹעָר	Zuar
צוּף	(1) rayon (miel) (2) couler, déborder (3) Zuph
צוּקָה	pression, détresse
צוּר	rocher, falaise
צוּרָה	forme, mode
צַוָּרוֹן	collier
צוּרִיאֵל	Zuriel
צוּרִישַׁדָּי	Zurishadda
צוֹבָה	Zobah
צוֹם	jeûne
צוֹפַח	Zophah
צוֹפִי	Zophai
צוֹפִים	Zophim
צוֹפַר	Zophar
צוּק	contrainte, détresse
צָחִיחַ	brillance, éclat

צְחִיחָה	terre brûlée
צְחִיחִי	une surface brillante ou éclatante
צַחֲנָה	une puanteur
צְחִצָחוֹת	région brûlée
צְחֹק	rire, risée
צָחַר	gris-rouge, fauve
צֹחַר	Zohar
צִי	(1) (un animal sauvage) un habitant du désert (2) un navire
צִיבָא	Ziba
צַיָּד	un chasseur
צַיִד	(1) provision, nourriture (2) chasse, gibier
צֵידָה	provision, nourriture
צִידוֹן	Sidon
צִידֹנִי	Sidoniens
צִיּוּן	un poteau indicateur, un monument
צִיּוֹן	sécheresse, terre desséchée
צִיּוֹן	Sion
צִיחָא	Ziha
צִינֹק	pilori

צִיעֹר	Zior
צִיץ	(1) une fleur, une chose brillante (2) des ailes (3) Ziz
צִיצָה	fleur
צִיצִת	un gland, une serrure
צִיר	(1) une image (2) un envoyé, un messager (3) un pivot, une charnière (4) une douleur
צֵל	une ombre
צִלָּה	Zillah
צָלוּל	un gâteau, un pain rond
צְלֹחִית	une jarre
צַלַּחַת	un plat
צָלִי	rôti, un rôti
צֶלֶם	une image
צַלְמָוֶת	une ombre mortelle, une ombre profonde
צַלְמוֹן	Zalmon
צַלְמֹנָה	Zalmonah
צַלְמֻנָּע	Zalmunna
צָלַע	boiter, trébucher
צֵלָע	côte, côté
צֶלַע	Zela

צֶלַע הָאֶלֶף	Zelah-haeleph
צָלָף	Zalaph
צְלָפְחָד	homme de Manassé
צַלְצַח	Zelzah
צִלְצָל	(1) tourbillon, bourdonnement (2) une lance
צְלָצַל	un criquet virevoltant
צֶלְצְלִים	cymbales
צֵלֶק	Zelek
צִלְּתַי	Zillethai
צָמָא	soif
צִמְאָה	état desséché
צִמָּאוֹן	terre assoiffée
צֶמֶד	un couple, une paire
צַמָּה	voile (de femme)
צִמּוּקִים	gâteau de raisins secs
צֶמַח	un germe, une croissance
צָמִיד	(1) bracelet (2) une couverture
צַמִּים	un collet, un piège
צֶמֶר	laine

צָמְרִי	Zemarite
צְמָרַיִם	*Zemaraim*
צַמֶּרֶת	sommet (arbre)
צִמְתַת	achèvement, finalité
צִן	*Sin* (une région désertique qui comprenait Kadesh-barnea)
צֵן	une épine, un barbillon
צִנָּה	(1) fraîcheur (2) (grand) bouclier (3) un crochet, une barbe
צֹנֶה	troupeaux
צָנוּף	turban
צִנּוֹר	un tuyau, un bec, un conduit
צְנִינִים	épine, piqûre
צָנִיף	un turban
צָנַם	sécher, durcir
צְנָן	*Zenan*
צְנֵפָה	enrouler
צִנְצֶנֶת	une jarre
צַנְתְּרוֹת	des tuyaux
צַעַד	un pas, une allure
צְעָדָה	(1) des chevilles (2) une marche

צָעִיף	une enveloppe, un châle, un voile
צְעִירָה	jeunesse
צֹעַן	Zoan
צַעֲנַנִּים	Zaanannim
צַעֲצֻעִים	jeter
צְעָקָה	un cri, une protestation
צֹעַר	Zoar
צָפָה	un écoulement
צִפּוּי	placage (métallique)
צָפוּעַ	fumier de bétail
צְפוֹ	Zepho
צָפוֹן	nord
צְפוֹן	Zéphon
צִפּוֹר	(1) un oiseau (2) *Zippor* ("oiseau"), père de Balak
צַפַּחַת	une jarre, une cruche
צְפִיָּה	poste de guet
צִפְיוֹן	Ziphion
צַפִּיחִת	un gâteau plat, une galette
צָפִין	un trésor

צָפִיעַ	excréments d'animaux, fumier
צְפִיעָה	un rejeton
צָפִיר	chèvre mâle
צְפִירָה	une tresse, un chapelet, une malédiction
צָפִית	une carpette, un tapis
צְפַנְיָה	que Yah a gardé précieusement, quatre Isr.
צְפַנְיָהוּ	Zéphanie
צָפְנַת פַּעְנֵחַ	Zaphenath-paneah
צֶפַע	un serpent
צִפְעֹנִי	vipère
צַפְצָפָה	un saule
צְפַרְדֵּעַ	grenouilles
צִפֹּרָה	Zipporah
צִפֹּרֶן	ongle, pointe de stylet
צֶפֶת	un chapiteau plaqué (d'un pilier)
צְפַת	Zephath
צִקְלַג	Ziklag
צִקָּלוֹן	sac à pain
צֵר	Zer

צֹר	(1) *Tyr*, une ville phénicienne (2) un caillou dur, un silex
צָרֶבֶת	croûte, cicatrice (d'une plaie)
צְרֵדָה	Zeredah
צָרָה	(1) les difficultés, la détresse (2) celle qui contrarie, une femme rivale
צְרוּיָה	Zeruiah
צְרוּעָה	Zeruah
צְרוֹר	(1) un caillou (2) *Zeror* (3) un paquet, un colis, une poche, un sac
צֳרִי	(une sorte de) baume
צֹרִי	un habitant de Tyr
צְרִי	Zeri
צְרִיחַ	caveau, chambre funéraire
צֹרֶךְ	un besoin
צָרְעָה	Zorah
צִרְעָה	frelons
צָרְעִי	Zorites
צָרַעַת	lèpre
צָרְעָתִי	Zorathites
צֹרְפִי	orfèvres

צָרְפַת	Zarephath
צְרֵרָה	Zérah
צֶרֶת	Zereth
צָרְתָן	Zarethan
צֶרֶת הַשַּׁחַר	Zereth-shahar

קֵא	ce qui est vomi, vomir
קָאַת	(un oiseau) le pélican
קַב	*kab* (une mesure de capacité)
קֻבָּה	une grande tente voûtée
קֵבָה	estomac, ventre
קִבּוּץ	assemblage
קְבוּרָה	tombe, sépulture
קֻבַּעַת	une coupe
קַבְצְאֵל	*Kabzeel*
קְבֻצָה	un rassemblement
קִבְצַיִם	*Kibzaim*
קֶבֶר	une tombe, un sépulcre
קִבְרוֹת הַתַּאֲוָה	*Kibroth-hattaavah*

קִדָּה	cassia
קַדּוּמִים	ancien
קַדַּחַת	fièvre
קָדִים	est, vent d'est
קֶדֶם	avant, est, autrefois
קַדְמָה	(1) époque antérieure (2) antiquité, état antérieur
קֵדְמָה	front, est
קֵדְמָה	Kedemah
קְדֵמוֹת	Kedemoth
קַדְמִיאֵל	Kadmiel
קָדְקֹד	tête, couronne de la tête
קֵדָר	Kedar
קַדְרוּת	obscurité, ténèbres
קִדְרוֹן	Kidron
קֶדֶשׁ	sanctuaire, nom de plusieurs lieux en Isr.
קֹדֶשׁ	séparation, caractère sacré
קָדֵשׁ בַּרְנֵעַ	Kadesh-Barnea
קָהָל	assemblée, convocation, congrégation
קְהִלָּה	assemblée, congrégation

קֹהֶלֶת	Qoheleth
קְהֵלָתָה	Kehelathah
קְהָת	un fils de Lévi
קְהָתִי	Kohathites
קַו	une ligne, une corde
קָוֶה	une ligne
קָוֵה	Kue
קְוֻצּוֹת	mèches (de cheveux)
קוּר	fil, pellicule
קוּשָׁיָהוּ	Kushaiah
קוֹבַע	un casque
קוֹל	son, voix
קוֹלָיָה	Kolaiah
קוֹמָה	hauteur
קוֹעַ	Koa
קוֹף	un singe
קוֹץ	(1) *Koz* (2) une épine, un buisson d'épines
קוֹרָה	un chevron, une poutre
קַח	placer

קֶטֶב	destruction
קְטוּרָה	*Keturah*
קְטוֹרָה	fumée de sacrifice
קֶטֶל	abattage
קֹטֶן	petit doigt
קְטַר	encens
קִטְרוֹן	*Kitron*
קְטָרוֹת	fermer, enfermer
קְטֹרֶת	fumée, odeur de sacrifice (brûlant), encens
קַטָּת	*Kattah*
קִיא	vomir, cracher
קִיטוֹר	fumée épaisse
קִים	adversaire
קִימָה	qui se lève
קַיִן	(1) *Caïn* (2) une lance
קִינָה	(1) une élégie, un chant funèbre (2) *Kinah*
קֵינִי	Kenites
קֵינָן	*Kenan*
קַיִץ	été, fruit d'été

קִיקָיוֹן	(une plante) une plante à huile de ricin
קִיקָלוֹן	disgrâce
קִיר	(1) un mur (2) *Kir*
קִיר־חֶרֶשׂ	*Kir-hareseth*
קִיר־חֲרֶשֶׂת	*Kir-hareseth*
קִיר־מוֹאָב	*Kir de Moab*
קֵירֹס	*Keros*
קִיר חֲרֶשֶׂת	*Kir-hareseth*
קִישׁ	*Kish*
קִישׁוֹן	*Kishon*
קִישִׁי	*Kishi*
קֹל	légèreté, frivolité
קָלוֹן	ignominie, déshonneur
קַלַּחַת	un chaudron
קָלִי	desséché (grain)
קַלָּי	*Kallai*
קְלָיָה	*Kelaiah*
קְלִיטָא	un lévite
קְלָלָה	une malédiction

קֶלֶס	dérision
קְלָסָה	dérision
קַלָּע	frondeur
קֶלַע	(1) un rideau, une suspension (2) une fronde
קִלְּשׁוֹן	une pointe fine
קָמָה	grain debout
קְמוּאֵל	Kemuel
קָמוֹן	Kamon
קִמּוֹשׁ	des chardons
קֶמַח	farine, semoule
קֹמֶץ	main fermée, poing
קֵן	un nid
קִנְאָה	ardeur, zèle, jalousie
קָנָה	Kanah
קָנֶה	une tige, un roseau
קְנַז	Kenaz
קְנִזִּי	kénazite
קִנְיָן	chose obtenue ou acquise, acquisition
קִנָּמוֹן	cannelle

קֶנֶץ	un piège, un filet
קְנָת	Kenath
קֶסֶם	divination
קֶסֶת	un pot (pour l'encre), un cornet d'encre
קְעִילָה	Keilah
קַעֲקַע	une incision, une empreinte, un tatouage
קְעָרָה	un plat, un plateau
קְפָאוֹן	indéfini
קִפֹּד	porc-épic
קְפָדָה	un frémissement
קִפּוֹז	flèche serpent
קֵץ	extrémité
קֶצֶב	une coupe, une forme, une extrémité
קָצָה	une fin, une extrémité
קֵצֶה	fin, extrémité
קְצָה	une extrémité
קְצוּ	extrémité, limite
קָצוּר	raccourci, plus petit
קֶצַח	cumin noir

קָצִין	un chef, un dirigeant
קְצִיעָה	(1) cassia (une écorce en poudre) (2) *Keziah*
קָצִיר	(1) récolte, moisson (2) rameaux, branches
קֶצֶף	(1) colère (2) une écharde
קְצָפָה	claquement, éclatement
קֹצֶר	brièveté
קָצָת	une extrémité
קִר	mur, côté
קֹר	froid
קֹרֵא	une perdrix
קֶרֶב	partie intérieure, milieu
קְרָב	une bataille, une guerre
קִרְבָה	une approche
קָרְבָּן	offrande
קֻרְבָּן	offrande, cadeau
קַרְדֹּם	une hache
קָרָה	froid
קְרֶה	chance, accident
קָרֵחַ	*Kareah*

קֶרַח	gel, glace
קֹרַח	Korah
קָרְחָה	calvitie, tache chauve
קָרְחִי	descendant de Koré
קָרַחַת	calvitie de la tête
קְרִי	rencontre
קְרִיאָה	proclamation
קְרִיָה	ville, cité
קְרִיּוֹת	Kerioth
קִרְיַת	Kiriath
קִרְיַת־בַּעַל	Kiriath-baal
קִרְיָתַיִם	Kiriathaim
קִרְיַת־סֵפֶר	Kiriath-sepher
קִרְיַת אַרְבַּע	Kiriath-arba
קִרְיַת חֻצוֹת	Kiriath-huzoth
קִרְיַת יְעָרִים	Kiriath-Jearim
קִרְיַת סַנָּה	Kiriath-sannah
קִרְיַת עָרִים	Kiriath-arim
קֶרֶן	un cor

קַרְנַיִם	Karnaim
קֶרֶן הַפּוּךְ	Keren-happuch
קֶרֶס	un crochet
קַרְסֹל	cheville
קְרָעִים	morceaux de tissu, chiffons
קֶרֶץ	un pincement
קַרְקַע	(1) sol (2) Karka
קַרְקֹר	Karkor
קֶרֶשׁ	planche, planches
קֶרֶת	ville, cité
קַרְתָּה	Kartah
קַרְתָּן	Kartan
קַשְׂוָה	cruche
קְשִׂיטָה	(unité de valeur), pièce
קַשְׂקֶשֶׂת	écaille (de poisson)
קַשׁ	chaume, paille
קִשֻּׁאָה	un concombre
קֶשֶׁב	attention
קֶשֶׁט	arc

קֹשֶׁט	vérité
קֹשִׁי	entêtement
קִשְׁיוֹן	*Kishion*
קֶשֶׁר	complot
קִשֻׁרִים	bandes, écharpes
קָשֶׁת	archet
קֶשֶׁת	un arc

רָאָה	cerf-volant rouge	
רֹאֶה	(1) une vision (prophétique) (2) un voyant (3) *Haroeh*	
רְאוּבֵן	voici un fils ! fils aîné de Jacob, aussi son descendant.	
רְאוּבֵנִי	un Reubénite	
רְאוּמָה	*Reumah*	
רְאוּת	un regard	
רְאִי	regarder, voir, apercevoir	
רְאִי	un miroir	
רְאָיָה	*Reaiah*	
רְאִית	un regard	
רְאֵם	un boeuf sauvage	
רָאמוֹת	coraux	

רָאמוֹת גִּלְעָד	Ramoth-Gilead
רָאמַת נֶגֶב	Rama du Néguev
רֹאשׁ	tête
רֵאשָׁה	temps du commencement, temps du début
רֹאשָׁה	sommet, c'est-à-dire la pierre la plus haute
רֵאשִׁית	début, chef
רֹב	multitude, abondance, grandeur
רַבָּה	(1) *Rabbah* (2) beaucoup, nombreux, grand
רְבִיבִים	pluies abondantes
רָבִיד	une chaîne (ornement pour le cou)
רַבִּית	*Rabbith*
רִבְלָה	*Riblah*
רְבַע	se rapportant au quatrième
רֶבַע	(1) quatrième partie, quatre côtés (pl.) (2) *Reba*
רֹבַע	quatrième partie
רֵבֶץ	lieu de repos, lit
רִבְקָה	*Rebecca*
רֶגֶב	une motte (de terre)
רֹגֶז	agitation, excitation, rage

רְגָזָה	un frémissement, un tremblement
רֶגֶל	pied
רֹגְלִים	Rogelim
רֶגֶם	Regem
רְגָמָה	un tas (de pierres), une foule (de personnes)
רֶגֶם מֶלֶךְ	Regemmelech
רֶגַע	un moment
רֶגֶשׁ	une foule
רִגְשָׁה	une foule
רַדַּי	Raddai
רְדִיד	châle, couvre-chef
רַהַב	fierté
רֹהַב	fierté
רְהְגָּה	Rohgah
רַהַט	(1) une mèche (de cheveux) (2) une auge
רְהִיט	chevrons
רוּחַ	souffle, vent, esprit
רֶוַח	un espace, un intervalle, un répit, un soulagement
רְוָחָה	répit, soulagement

רְוָיָה	saturation
רוּם	hauteur, orgueil
רוּמָה	Dumah
רוּת	Ruth
רוֹדָנִים	Rodanim
רוֹם	en haut
רוֹמֵם	exalter, louer
רוֹמֵמֶת	élever, élever
רָזוֹן	(1) maigreur, gaspillage, maigreur (2) potentat
רְזוֹן	Rezon
רָזִי	maigreur, déperdition
רַחַב	largeur, grande étendue
רֹחַב	étendue, largeur
רְחֹב	une grande place ouverte, une place
רְחֹבוֹת	Rehoboth
רְחַבְיָה	Rehabiah
רְחַבְיָהוּ	Rehabiah
רְחַבְעָם	un peuple élargi, un roi de Juda
רְחֹבֹת עִיר	Rehoboth-Ir

רְחוּם	Rehum
רָחִיט	chevrons, planches
רֵחַיִם	moulin à main
רָחֵל	(1) Rachel (2) brebis
רָחָם	vautour charognard
רֶחֶם	(1) Rekem (2) compassion
רֶחֶם	utérus
רַחֲמָה	tissage coloré
רַחֲמִים	tendre pitié
רַחַץ	un lavage
רַחְצָה	un lavage
רַחַת	pelle à vanner
רֶטֶט	un tremblement, une panique
רִי	humidité
רִיב	querelle, dispute
רִיבַי	Ribai
רֵיחַ	une odeur, un parfum, une senteur
רִיחִים	fugitif
רִיפוֹת	un grain ou un fruit

רִיפַת	Riphath
רִיק	vide, vanité
רִיר	jus gluant, crachat
רִישׁ	pauvreté
רַכָּב	charretier, cavalier
רֶכֶב	char, meule
רֵכָב	Rechab
רִכְבָּה	(acte de) monter à cheval
רֵכָבִי	Rechabite
רֵכָה	Recah
רְכוּב	un char
רְכוּשׁ	propriété, biens
רָכִיל	calomnie
רָכָל	Racal
רְכֻלָּה	trafic, marchandise
רֶכֶס	rudesse
רֹכֶס	conspiration
רֶכֶשׁ	destriers
רֹךְ	tendresse, délicatesse

רָם	Ram
רָמָה	(1) Rammah ("hauteur") (2) hauteur, endroit élevé
רִמָּה	un ver
רָמוּת	hauteur, haute stature
רִמּוֹן	(1) une grenade (2) Rimmon
רִמּוֹנוֹ	Rimmono
רִמּוֹן פֶּרֶץ	Rimmon-perez
רָמוֹת	Jeremoth
רָמוֹת נֶגֶב	du Néguev
רֹמַח	une lance, un javelot
רַמְיָה	Ramiah
רְמִיָּה	(1) laxisme, relâchement (2) tromperie, trahison
רַמָּכָה	jument
רְמַלְיָהוּ	Remaliah
רֹמַמְתִּי עֶזֶר	Romamti-ezer
רֶמֶשׂ	choses rampantes, choses mobiles
רֶמֶת	Remeth
רָמָתִי	Ramathite
רָמַת לֶחִי	Ramath-lehi

רֹן	un cri retentissant
רִנָּה	(1) un cri retentissant (2) *Rinnah*
רְנָנָה	un cri retentissant
רְנָנִים	oiseaux aux cris perçants
רִסָּה	*Rissah*
רָסִיס	(1) un fragment (2) une goutte (de rosée)
רֶסֶן	(1) un licou, une mâchoire (2) *Resen*
רֵעַ	(1) un cri, un rugissement (2) un but, un objectif (3) un ami, un compagnon, un camarade
רֹעַ	méchanceté, mal
רָעָב	famine, faim
רְעָבוֹן	faim, manque de nourriture, famine
רַעַד	un tremblement
רְעָדָה	un tremblement
רָעָה	mal, misère, détresse, blessure
רֵעָה	un compagnon, un accompagnateur
רֵעֶה	un ami
רְעוּ	*Reu*
רְעוּאֵל	*Reuel*
רְעוּת	(1) compagnon (femme) (2) envie, effort

רֵעִי	Rei
רְעִי	un pâturage
רַעְיָה	un compagnon
רַעְיוֹן	(1) désir, effort (2) une pensée
רַעַל	un moulinet
רְעָלָה	un voile
רְעֵלָיָה	Reelaiah
רַעַם	tonnerre
רַעְמָה	(1) frémissement (2) Raamah
רַעַמְיָה	Raamiah
רַעְמְסֵס	Ramsès
רַעַשׁ	un tremblement, une secousse
רָפָא	Rapha
רְפֻאוֹת	une guérison
רְפָאִים	esprits morts
רְפָאֵל	Rephael
רָפָה	Raphah
רָפוּא	Raphu
רְפוּאָה	remède

רֶפַח	Rephah
רְפִידָה	un soutien
רְפִידִים	Rephidim
רְפָיָה	Rephaiah
רִפְיוֹן	en train de couler
רַפְסוֹדָה	radeau
רֶפֶשׁ	bourbier
רֶפֶת	écurie, stalle
רַץ	pièce, barre
רָצוֹן	bonne volonté, faveur, acceptation, volonté
רֶצַח	un bouleversement
רִצְיָא	Rizia
רְצִין	Rezin
רֶצֶף	(1) Rezeph (2) charbon incandescent
רִצְפָה	pavé
רִצְפָּה	(1) une pierre incandescente (2) concubine de Saül
רֹק	crachats
רָקָב	pourriture, décomposition
רִקָּבוֹן	pourriture

רַקָּה	le temple (partie de la tête)
רַקּוֹן	*Rakkon*
רַקָּח	fabricant d'onguents, parfumeur
רִקֻּחַ	parfumerie
רֶקַח	épice
רֹקַח	mélange d'épices, parfum
רָקִיעַ	surface étendue, étendue
רָקִיק	gâteau mince, gaufrette
רֶקֶם	*Rekem*
רִקְמָה	substance bigarrée
רֶקַע	expansion
רַקַּת	*Rakkath*
רִשְׁיוֹן	permission
רֶשַׁע	méchanceté
רִשְׁעָה	méchanceté
רֶשֶׁף	(1) un Ephraïmite (2) flamme
רֶשֶׁת	un filet
רַתּוּקָה	une chaîne
רַתּוֹק	une chaîne

רֶתַח	un bouillonnement
רַתִּיקָה	chaîne
רֹתֶם	balai
רִתְמָה	*Rithmah*
רְתֻקָה	une chaîne
רְתֵת	un tremblement

שְׂאֹר	levain
שְׂאֵת	exaltation, dignité, enflure, soulèvement
שְׂבָכָה	treillis, réseau
שְׂבָם	*Sebam*
שְׂבְמָה	*Sibmah*
שָׂבָע	abondance, satiété
שֹׂבַע	plénitude
שִׂבְעָה	satiété
שִׂבְעָה	satisfaction
שֵׂבֶר	un espoir
שְׂגוּב	*Segub*
שָׂדֶה	champ, terre
שָׂדַי	champ, terre

שִׂדִּים	*Siddim*
שְׂדֵרָה	rang, grade (de soldats)
שֶׂה	un membre d'un troupeau, un mouton (ou une chèvre)
שָׂהֵד	un témoin
שַׂהֲרוֹן	lune, ou croissant
שׂוּכָתִי	Sucathites
שׂוֹבֶךְ	un réseau (de rameaux)
שׂוֹכָה	branche, broussaille
שׂוֹכֹה	*Socoh*
שׂוֹךְ	branche, broussaille
שׂוֹרָה	une rangée
שַׂח	une pensée
שָׂחוּ	nager
שְׂחוֹק	rire, dérision, sport
שָׂחִיף	lambris de bois
שֵׂט	révolter, actions qui font des embardées
שָׂטָן	adversaire, également le nom de l'adversaire surhumain de Dieu.
שִׂטְנָה	(1) accusation (2) *Sitnah*
שִׂיא	arrogance

שִׂיאָן	Sion
שִׂיב	âge (vénérable)
שִׂיבָה	tête hirsute, vieillesse
שִׂיג	crasse
שִׂיד	chaux, lait de chaux
שִׂיחַ	(1) un buisson, un arbuste, une plante (2) plainte, rêverie
שִׂיחָה	plainte, rêverie
שִׂכָּה	une barbe, une lance
שֶׂכוּ	Secu
שֶׂכְוִי	apparition, phénomène
שַׂכְיָה	Sachia
שְׂכִיָּה	un bateau
שַׂכִּין	un couteau
שָׂכִיר	engagé
שְׂכִירָה	engagé
שֶׂכֶל	prudence, perspicacité
שָׂכַר	(1) Sacar (2) embaucher, salaire
שֶׂכֶר	embaucher, salaire
שֵׂךְ	une épine

שֹׂךְ	cabine, pavillon
שְׂלָו	caille
שַׂלְמָא	*Salma*
שַׂלְמָה	(1) *Salmah* (2) une enveloppe, un manteau
שַׂלְמוֹן	*Saumon*
שַׂלְמַי	*Shalmai*
שְׂמֹאל	la gauche, la main gauche, le côté gauche
שִׂמְחָה	joie, allégresse, allégresse
שְׂמִיכָה	tapis, couverture épaisse
שַׂמְלָה	un roi d'Edom
שִׂמְלָה	une enveloppe, un manteau
שְׂמָמִית	(une sorte de) lézard
שִׂנְאָה	haïr, haine
שְׂנִיר	*Senir*
שֵׂעִיר	une chaîne de montagnes en Edom, aussi son habitant, aussi une montagne en Juda
שְׂעִירָה	(1) *Seirah* (2) chèvre femelle
שְׂעִפִּים	pensées inquiétantes ou excitantes
שַׂעַר	(1) horreur (2) une tempête
שֵׂעָר	poil

שַׂעֲרָה	un seul cheveu
שְׂעָרָה	une tempête
שְׂעֹרָה	orge
שְׂעֹרִים	Seorim
שָׂפָה	lèvre, parole, bord
שָׂפָם	moustache
שִׂפְמוֹת	Siphmoth
שֶׂפֶק	suffisance, abondance
שַׂק	sac, sac à dos
שַׂר	chef, dirigeant, fonctionnaire, capitaine, prince
שַׂרְאֶצֶר	Sharezer
שָׂרֵד	un stylet
שְׂרָד	un ouvrage tressé
שָׂרָה	(1) *Sarah* ("princesse"), une femme d'Abraham (2) princesse, dame noble
שְׂרוּג	Serug
שְׂרוֹךְ	lanière (sandale)
שֶׂרַח	Serah
שֶׂרֶט	incision
שָׂרֶטֶת	coupure, égratignure

שָׂרַי	Sarai
שָׂרִיג	vrille, brindille
שָׂרִיד	(1) Sarid (2) un survivant
שְׂרָיָה	Seraiah ("Yah persiste")
שְׂרָיָהוּ	Seraiah
שִׂרְיֹן	Sirion
שָׂרִיק	cardé ou peigné
שַׂר־סְכִים	Sar-sekim
שַׂרְעַפִּים	pensées inquiétantes
שָׂרָף	(1) un ordre d'êtres angéliques, les Séraphins (2) serpent ardent (3) Saraph
שְׂרֵפָה	un brûlant
שֹׂרֵק	(1) Sorek (2) espèce de vigne de choix
שֹׂרֵקָה	espèce de vigne de choix
שָׂשׂוֹן	exultation, réjouissance

שְׁאָגָה	un rugissement
שְׁאָוָה	une tempête dévastatrice
שָׁאוּל	Saül ("a demandé")
שָׁאוּלִי	Shaulitas
שְׁאוֹל	monde souterrain (lieu où l'on descend à la mort)
שָׁאוֹן	un rugissement (des eaux, etc.), un vacarme, un fracas, un tumulte
שְׁאָט	malgré, mépris
שְׁאִיָּה	une ruine
שְׁאָל	Sheal
שְׁאָלָה	Sheol
שְׁאֵלָה	(1) affaire (2) demande, chose demandée
שְׁאַלְתִּיאֵל	Shealtiel

שְׁאָר	reste, résidu
שְׁאֵר	chair
שַׁאֲרָה	chair, nourriture, corps, proche parente
שֶׁאֱרָה	Sheerah
שְׁאֵרִית	reste, résidu
שְׁאָר יָשׁוּב	Shear-jashub
שְׁאֵת	dévastation
שְׁבָא	Saba
שְׁבָאִים	Sabéens
שְׁבָבִים	des éclats
שְׁבוּאֵל	Shebuel
שָׁבוּעַ	une période de sept (jours, années), heptade, semaine
שְׁבוּעָה	un serment, une malédiction
שָׁבוּר	fracture
שְׁבוּת	captivité, captifs
שְׁבוֹ	(une pierre précieuse) l'agate
שֵׁבֶט	baguette, bâton, massue, sceptre, tribu
שְׁבָט	Shebat
שֹׁבָי	Shobai

שֹׁבִי	Shobi
שְׁבִי	captivité, captifs
שָׁבִיב	une flamme
שְׁבִיָה	captivité, captifs
שְׁבִיל	un chemin, une voie
שָׁבִיס	un bandeau
שְׁבִית	captivité
שֹׁבֶל	jupe fluide, train
שַׁבְּלוּל	escargot
שִׁבֹּלֶת	un ruisseau qui coule
שֶׁבְנָא	secrétaire et majordome d'Ezéchias
שְׁבַנְיָה	Shebaniah
שְׁבַנְיָהוּ	Shebaniah
שֶׁבַע	sept
שִׁבְעָה	Shibah
שָׁבָץ	crampon
שֶׁבֶר	(1) maïs, grain (2) une rupture, fracture, écrasement, brèche, crash
שִׁבָּרוֹן	une rupture, un écrasement
שְׁבָרִים	Shebarim

שַׁבָּת	sabbat
שֶׁבֶת	(1) siège, habitation, lieu (2) cessation
שַׁבָּתוֹן	observance du sabbat
שַׁבְּתַי	Shabbethai
שְׁגָגָה	péché d'erreur ou d'inadvertance
שָׁגֶה	Shagee
שְׁגִיאָה	erreur
שִׁגָּיוֹן	un chant sauvage et passionné avec des changements rapides de rythme
שֵׁגָל	consort
שִׁגָּעוֹן	folie
שֶׁגֶר	progéniture, jeune (de bêtes)
שַׁד	poitrine (femelle)
שֵׁד	démon, probablement
שֹׁד	(1) violence, ravage, dévastation, ruine (2) sein (féminin)
שִׁדָּה	une maîtresse
שַׁדַּי	"le tout-puissant", un titre pour Dieu
שְׁדֵיאוּר	un Rubénite
שְׁדֵמָה	un champ
שְׁדֵפָה	chose flétrie ou flétrie

שִׁדָּפוֹן	fléau (des cultures)
שַׁדְרַךְ	Shadrach
שֹׁהַם	(1) *Shoham* (2) (une pierre précieuse) un onyx
שָׁוְא	vide, vanité
שְׁוָא	*Sheva*
שׁוּבָאֵל	*Shubael*
שׁוּבָה	retraite, retrait
שָׁוֵה	plaine de niveau
שָׁוֵה	*Shaveh*
שׁוּחַ	*Shuah*
שׁוּחָה	(1) *Shuhah* (2) une fosse
שׁוּחִי	descendant de Shuah
שׁוּחָם	*Shuham*
שׁוּחָמִי	*Shuhamites*
שׁוּל	jupe (d'une robe)
שׁוּלַמִּית	*Shulammite*
שׁוּמִים	ail
שׁוּנִי	*Shuni*
שׁוּנֵם	une ville d'Issachar

שׁוּנַמִּי	Shunammite
שׁוּעַ	(1) opulence (2) *Shua*
שָׁוַע	pleurer
שׁוּעָא	*Shua*
שַׁוְעָה	un appel à l'aide
שׁוּעָל	(1) *Shual* (2) renard
שׁוּפָמִי	Shuphamites
שׁוּק	une rue
שׁוּר	(1) un mur (2) *Shur* (3) un ennemi
שׁוּרָה	rangée (d'oliviers ou de vignes)
שַׁוְשָׁא	Shavsha
שׁוּשַׁן	(1) un lys (ou toute fleur ressemblant à un lys) (2) *Susa*
שׁוּתֶלַח	Shuthelah
שׁוֹאָה	dévastation, ruine, gaspillage
שׁוֹבָךְ	Shobach
שׁוֹבָל	coulant, un Edomite, également deux Isr.
שׁוֹבֵק	Shobek
שׁוֹט	fléau, fouet
שׁוֹטֵר	fonctionnaire, officier

שׁוֹמֵר	Shomer
שׁוּעַ	(1) un cri (2) Shoa
שׁוֹעֵר	un gardien de porte
שׁוֹפָךְ	Shophach
שׁוֹפָר	une corne (pour souffler)
שׁוֹק	une jambe
שׁוֹר	une tête de bétail (taureau, bœuf, etc.)
שׁוֹרֵר	un guetteur (perfide)
שֹׁחַד	un cadeau, un pot-de-vin
שְׁחוּת	une fosse
שְׁחוֹר	noirceur
שְׁחֵטָה	l'abattage
שְׁחִיטָה	(acte de) tuer
שְׁחִין	un bouillonnement, une éruption
שָׁחִיס	le grain qui pousse de lui-même la deuxième année
שְׁחִית	une fosse
שַׁחַל	un lion
שְׁחֵלֶת	(un ingrédient de l'encens sacré) onycha
שַׁחַף	un museau de mer, une mouette

שַׁחֶפֶת	(une maladie de dépérissement) consommation
שַׁחַץ	dignité, fierté
שַׁחֲצִים	Shahazumah
שַׁחַק	poussière, nuage
שַׁחַר	aube
שַׁחֲרוּת	noirceur
שְׁחַרְיָה	Shehariah
שַׁחֲרַיִם	Shaharaim
שַׁחַת	une fosse
שִׁטָּה	acacia (un arbre et un bois)
שׁוֹטֵט	un fléau
שִׁטִּים	Shittim
שֶׁטֶף	une inondation
שִׁטְרַי	Shitrai
שַׁי	un cadeau (offert en hommage)
שֵׁיָא	Sheva
שִׁיָא	Sheva
שִׁיאֹן	Shion
שִׁיבָה	un séjour

שִׁיזָא	Shiza
שִׁיחָה	une fosse
שִׁיחוֹר	Shihor
שִׁיחוֹר לִבְנָת	Shihor-libnath
שַׁיִט	ramer
שִׁילֹה	Shiloh
שִׁילוֹ	Shiloh
שִׁילֹנִי	un Shilonite
שִׁימוֹן	Shimon
שַׁיִן	urine
שִׁיר	chanson
שִׁירָה	chanson
שַׁיִשׁ	albâtre
שִׁישָׁא	Shisha
שִׁישַׁק	Shishak
שַׁיִת	buissons d'épines
שִׁית	un vêtement
שִׁכְבָה	revêtement
שִׁכְבֶת	copulation

שְׁכוֹל	deuil, perte d'enfants
שִׁכֻּלִים	deuil, absence d'enfants
שְׁכֶם	Sichem
שְׁכֶם	(1) Sichem (2) épaule
שִׁכְמִי	Sichemites
שָׁכֵן	habitant, voisin
שְׁכֵנָה	voisin, habitant
שְׁכַנְיָה	Shecaniah
שְׁכַנְיָהוּ	Shecaniah
שֵׁכָר	boisson enivrante, boisson forte
שִׁכָּרוֹן	ivresse
שַׁל	une erreur
שָׁלָב	barreau, barreau transversal
שֶׁלֶג	neige
שֵׁלָה	un fils de Judée
שַׁלְהֶבֶת	flamme
שַׁלְהֶבֶתְיָה	flamme
שָׁלוּ	tranquillité, facilité
שַׁלְוָה	tranquillité, facilité

שִׁלּוּחִים	un envoi, un cadeau d'adieu
שַׁלּוּם	le nom d'un certain nombre d'Isr.
שִׁלּוּם	requalification
שַׁלּוּן	*Shallun*
שָׁלוֹם	plénitude, solidité, bien-être, paix
שִׁלֹחַ	*Shiloah*
שֶׁלַח	(1) un réservoir en Jer. (2) un missile, une arme, une pousse (3) *Shelah*
שְׁלֻחוֹת	pousse, branche
שִׁלְחִי	*Shilhi*
שִׁלְחִים	*Shilhim*
שֻׁלְחָן	une table
שֶׁלֶט	un bouclier
שִׁלְטוֹן	(1) maîtrise (2) gouverneur
שְׁלִי	tranquillité
שִׁלְיָה	post-naissance
שָׁלִישׁ	(1) (un instrument de musique) un sistre (2) adjuvant, officier (3) un tiers (partie)
שַׁלֶּכֶת	(1) *Shallecheth* (2) abattage (d'un arbre)
שָׁלָךְ	(oiseau de proie) un cormoran
שָׁלָל	une proie, un butin, un pillage, un butin

שִׁלֵּם	(1) Shillem (2) récompense
שֶׁלֶם	sacrifice d'alliance ou d'amitié, offrande de paix
שִׁלְמָה	requalification, rétribution
שְׁלֹמֹה	Salomon, le fils de David et son successeur au trône.
שְׁלֹמוֹת	Shelomoth
שִׁלֵּמִי	Shillemites
שְׁלֹמִי	Shelomi
שְׁלֻמִיאֵל	Shelumiel
שֶׁלֶמְיָה	ami de Yah, le nom de plusieurs Isr.
שֶׁלֶמְיָהוּ	Shelemiah
שְׁלֹמִית	Shelomith
שַׁלְמַן	Shalman
שַׁלְמַנְאֶסֶר	Shalmaneser
שַׁלְמֹנִים	récompense, pot-de-vin
שֵׁלָנִי	Shelanites
שֶׁלֶף	Sheleph
שֶׁלֶשׁ	Shelesh
שָׁלִשָׁה	Shalishah
שִׁלְשָׁה	Shilshah

שְׁלֹשִׁים	troisième génération
שֵׁם	(1) un nom (2) *Shem*, fils aîné de Noah
שַׁמָּא	*Shammah*
שְׁמֵאָבֶר	*Shemeber*
שִׁמְאָה	*Shimeah*
שַׁמְגַּר	*Shamgar*
שֶׁמֶד	*Shemed*
שַׁמָּה	(1) gaspillage, horreur (2) *Shammah*
שַׁמְהוּת	*Shamhuth*
שְׁמוּאֵל	*Samuel* ("nom de Dieu")
שַׁמּוּעַ	*Shammua*
שְׁמוּעָה	un rapport
שָׁמוּר	*Shamir*
שָׁמוֹת	*Shammoth*
שְׁמִטָּה	un abandon, une remise (temporaire)
שַׁמַּי	*Shammai*
שְׁמִידָע	*Shemida*
שְׁמִידָעִי	*Shemidaites*
שָׁמַיִם	le ciel

שָׁמִיר	(1) *Shamir* (2) une épine, un adamant, un silex
שְׁמִירָמוֹת	*Shemiramoth*
שַׁמָּה	dévastation
שְׁמָמָה	dévastation, déchets
שִׁמָּמוֹן	horreur
שָׁמָן	un endroit gras ou fertile
שֶׁמֶן	graisse, huile
שָׁמָע	*Shama*
שֶׁמַע	(1) *Shema* (2) un son
שֵׁמַע	une audition, un rapport
שֹׁמַע	un rapport
שְׁמַע	*Shema*
שִׁמְעָא	*Shimea*
שִׁמְעָה	*Shimeah*
שְׁמָעָה	*Shemaah*
שִׁמְעוֹן	un fils de Jacob, aussi sa tribu, aussi un Isr. avec une femme for.
שִׁמְעִי	*Shimei*
שְׁמַעְיָה	Yah entend, le nom d'un certain nombre d'Isr.
שְׁמַעְיָהוּ	*Shemaiah*

שִׁמְעֹנִי	un Siméonite
שִׁמְעָת	Shimeath
שִׁמְעָתִי	Shimeathites
שֶׁמֶץ	un chuchotement
שִׁמְצָה	chuchotement, dérision
שֶׁמֶר	(1) lie, lie de vin (2) Samarie
שֹׁמֵר	Shomer
שְׁמָרָה	gardien, veille
שְׁמֻרָה	paupière
שִׁמְרוֹן	Shimron
שֹׁמְרוֹן	Samaria
שִׁמְרוֹן מְראוֹן	Shimron-meron
שִׁמְרִי	Shimri
שְׁמַרְיָה	Shemariah
שְׁמַרְיָהוּ	Shemariah
שְׁמֻרִים	veille de nuit
שִׁמְרִית	Shimrith
שִׁמְרֹנִי	Shimron
שֹׁמְרֹנִי	Samarie

שִׁמְרָת	Shimrath
שֶׁמֶשׁ	soleil
שִׁמְשׁוֹן	libérateur d'Isr.
שַׁמְשְׁרַי	Shamsherai
שֻׁמָתִי	Shumathites
שֵׁן	dent, ivoire
שֵׁנָא	sommeil
שִׁנְאָב	Shinab
שִׁנְאָן	répétition
שְׁנֶאַצַּר	Shenazzar
שָׁנָה	une année
שֵׁנָה	sommeil
שֶׁנְהַבִּים	ivoire
שָׁנִי	écarlate
שְׁנִינָה	une parole acerbe (tranchante), une raillerie
שִׁנְעָר	Shinar
שֶׁסַע	fente
שְׁעָטָה	emboutissage
שַׁעַטְנֵז	substance mélangée

שֹׁעַל	main creuse, poignée
שַׁעַלְבִים	Shaalbim
שַׁעַלְבִּין	Shaalabbin
שַׁעַלְבֹנִי	Shaalbonite
שַׁעֲלִים	Shaalim
שָׁעָף	Shaaph
שַׁעַר	(1) une porte (2) une mesure
שְׁעַרְיָה	Sheariah
שַׁעֲרַיִם	Shaaraim
שַׁעַר הַיְשָׁנָה	l'ancienne porte
שַׁעֲשְׁגַז	Shaashgaz
שַׁעֲשֻׁעִים	un délice
שְׁפוּפָם	Shephupham
שְׁפוּפָן	Shephuphan
שְׁפוֹ	Shepho
שְׁפוֹט	jugement, acte de jugement
שְׁפוֹת	crème
שִׁפְחָה	serviteur, servante
שָׁפָט	Shaphat

שֶׁפֶט	jugement
שְׁפַטְיָה	Shephatiah
שְׁפַטְיָהוּ	Shephatiah
שִׁפְטָן	Shiphtan
שְׁפִי	dénuement, une hauteur lisse ou nue
שְׁפִיפֹן	vipère à cornes
שָׁפִיר	Shaphir
שִׁפְכָה	organe mâle
שֶׁפֶךְ	(lieu de) versement
שֵׁפֶל	basse situation ou condition
שְׁפֵלָה	humiliation
שְׁפֵלָה	bas-fond
שִׁפְלוּת	un enfoncement
שֻׁפִּם	Shuppim
שָׁפָם	Shapham
שְׁפָם	Shepham
שִׁפְמִי	Shiphmite
שָׁפָן	(1) hyrax, blaireau de roche (2) Shaphan
שֶׁפַע	abondance

שִׁפְעָה	abondance, quantité
שִׁפְעִי	*Shiphi*
שֶׁפֶר	(1) *Shepher* (2) beauté, bonté
שִׁפְרָה	(1) *Shiphrah* (2) beauté, équité, clarté (du ciel)
שַׁפְרוּר	splendeur, pavillon, dais
שַׁפְרִיר	splendeur, pavillon, dais
שְׁפַתַיִם	foyers, tas de cendres
שֶׁצֶף	inondation, pluie diluvienne
שָׁקֵד	amandier (arbre)
שָׁקֶה	porteur de coupe
שִׁקּוּי	une boisson
שִׁקּוּץ	chose détestée
שֶׁקֶט	tranquillité
שֶׁקֶל	*shekel* (mesure de poids)
שִׁקְמָה	sycomore
שְׁקַעֲרוּרָה	dépression, creux
שֶׁקֶף	cadre, chambranle (des portes)
שְׁקֻפִים	cadre, châssis de fenêtre
שֶׁקֶץ	détestation, chose détestable

שֶׁקֶר	tromperie, déception, mensonge
שֹׁקֶת	abreuvoir
שֵׁר	boucle de bras, bracelet
שֹׁר	cordon ombilical
שָׁרָב	chaleur brûlante, sol desséché
שֵׁרֵבְיָה	Sherebiah
שַׁרְבִיט	sceptre
שָׁרָה	murs
שָׁרוּחֶן	Sharuhen
שְׁרוּקָה	siffler, siffler, siffler
שָׁרוֹן	une plaine sur la mer Méditerranée, aussi une région à l'est du Jourdain
שָׁרוֹנִי	Sharonite
שִׁטְרַי	Shitrai
שָׁרַי	Sharai
שִׁרְיָה	(une arme) une lance, un javelot
שִׁרְיוֹן	armure corporelle
שָׁרִיר	tendon, muscle
שְׁרֵמוֹת	champ
שֶׁרֶץ	essaims, choses essaimées

שָׁרְקָה	siffler
שְׁרֵקָה	sifflement (objet de dérision)
שָׁרַר	Sharar
שְׁרִרוּת	entêtement
שֶׁרֶשׁ	Sheresh
שֹׁרֶשׁ	une racine
שַׁרְשֶׁרֶת	chaîne
שָׁרֵת	ministère (religieux)
שֵׁשׁ	(1) six (un nombre de cartes) (2) byssus (3) albâtre
שֵׁשְׁבַּצַּר	Sheshbazzar
שָׁשַׁי	Shashai
שֵׁשַׁי	Sheshai
שֵׁשַׁךְ	Sheshach
שֵׁשָׁן	Sheshan
שָׁשַׁק	Shashak
שָׁשַׁר	couleur rouge, vermillon
שֵׁת	(1) *Seth* (2) siège (du corps), fesses (3) six
שְׁתִי	(1) chaîne (2) un boire, boire un bout
שְׁתִיָּה	une boisson

שָׁתִיל	coupe de plantes
שֻׁתַלְחִי	Shuthelahites
שֵׁתָר	*Shethar*

תָּא	une chambre
תַּאֲבָה	un désir
תַּאֲוָה	(1) un désir (2) une frontière
תְּאוֹ	une antilope
תַּאֲלָה	une malédiction
תַּאֲנָה	occasion ou moment de la copulation
תֹּאֲנָה	occasion
תְּאֵנָה	figuier
תַּאֲנִיָּה	deuil
תְּאֵנִים	labeur
תַּאֲנַת שִׁלֹה	Taanath-shiloh
תֹּאַר	contour, forme
תַּאְרֵעַ	Tarea

תְּאַשּׁוּר	buis
תֵּבָה	une boîte, un coffre
תְּבוּאָה	produit, revenu
תְּבוּנָה	une compréhension
תְּבוּסָה	un foulage, une ruine, une chute
תָּבוֹר	Tabor
תֻּבַל	Tubal
תֵּבֵל	confusion
תֵּבֵל	monde
תַּבְלִית	destruction
תְּבַלֻּל	confusion, obscurité
תֶּבֶן	paille
תִּבְנִי	Tibni
תַּבְנִית	construction, modèle, figure
תַּבְעֵרָה	Taberah
תֵּבֵץ	une ville près de Sichem
תִּגְלַת פְּלֶאֶסֶר	Tiglath-Pileser
תַּגְמוּל	un bénéfice
תִּגְרָה	dispute, querelle, hostilité

תִּדְהָר	(nom d'un arbre) un orme
תַּדְמֹר	Tadmor
תִּדְעָל	Tidal
תֹּהוּ	absence de forme, confusion, irréalité, vide
תְּהוֹם	profond, mer, abîme
תַּהֲלָה	erreur
תְּהִלָּה	louange, chant de louange
תַּהֲלוּכָה	procession
תַּהְפּוּכָה	perversité
תָּו	une marque
תּוּבַל קַיִן	Tubal-caïn
תּוּבְנָה	compréhension
תּוּגָה	chagrin
תָּוֶךְ	au milieu de
תּוֹקַהַת	Tokhath
תּוּשִׁיָּה	son, sagesse efficace, succès durable
תּוֹאֲמִם	jumeaux
תּוֹגַרְמָה	Togarmah
תּוֹדָה	action de grâce

תּוֹחַ	Toah
תּוֹחֶלֶת	un espoir
תּוֹכֵחָה	réprimande, correction
תּוֹכַחַת	argument, reproche
תּוֹלָד	Tolad
תּוֹלְדוֹת	générations
תּוֹלוֹן	Tilon
תּוֹלָל	pour être gaspillé
תּוֹלָע	(1) ver, substance écarlate (2) Tola
תּוֹלֵעָה	un ver
תּוֹלָעִי	Tolaïtes
תּוֹעֵבָה	abomination
תּוֹעָה	une errance, une erreur
תּוֹעָפוֹת	éminence
תּוֹצָאוֹת	sortie, frontière
תּוֹקְעִים	caution
תּוֹר	(1) tourterelle (2) une tresse, un tour (3) un taureau
תּוֹרָה	loi, instruction
תּוֹשָׁב	un étranger

תּוֹתָח	(une arme) une massue, une masse
תַּזְנוּת	fornication
תַּחְבּוּלוֹת	bon avis, conseil (sage)
תֹּחוּ	Tohu
תַּחְכְּמֹנִי	Tahchemonite
תַּחֲלֻאִים	maladies
תְּחִלָּה	un début
תַּחְמָס	autruche mâle
תַּחַן	Tahan
תְּחִנָּה	(1) faveur, supplication pour une faveur (2) *Tehinnah* ("faveur")
תַּחֲנוּן	supplication pour une faveur
תַּחֲנוֹת	camp ou campement
תַּחֲנִי	Tahanite
תַּחְפַּנְחֵס	*Tahpanhes*
תַּחְפְּנֵיס	*Tahpenes*
תַּחְרָא	un corselet
תַּחְרֵעַ	*Tahrea*
תַּחַשׁ	(1) blaireau (2) *Tahash*
תַּחְתִּים חָדְשִׁי	*Tahtimhodshi*

תִּילוֹן	Tilon
תֵּימָא	Tema
תֵּימָן	(1) *Teman* (2) sud, vent du sud
תֵּימָנִי	Temanite
תִּימְנִי	Temeni
תִּימָרָה	colonne (en forme de palmier)
תִּיצִי	Tizite
תִּירוֹשׁ	moût, vin frais ou nouveau
תִּירְיָא	Tiria
תִּירָס	Tiras
תַּיִשׁ	chèvre mâle
תְּכוּנָה	arrangement, préparation, lieu fixe
תֻּכִּי	paon, babouin, singe
תִּכְלָה	complétude, perfection
תַּכְלִית	fin, complétude
תְּכֵלֶת	violet, fil violet
תֹּכֶן	(1) une mesure (2) *Tochen*
תָּכְנִית	mesure, proportion
תַּכְרִיךְ	une robe

תֹּךְ	blessure, oppression
תֵּל	un monticule
תַּלְאָבוֹת	sécheresse, aridité
תְּלָאָה	lassitude, difficulté
תְּלַאשַּׂר	Telassar
תִּלְבֹּשֶׁת	vêtement
תֶּלַח	Tahan
תְּלִי	un carquois (avec ses flèches)
תֶּלֶם	un sillon
תַּלְמַי	laboureur, beau-père de David, également descendant d'Anak
תַּלְמִיד	un érudit
תְּלֻנּוֹת	grognements, murmures
תַּלְפִּיּוֹת	des armes
תַּלְתַּלִּים	des mèches (de cheveux)
תֵּל אָבִיב	Telabib
תֵּל חַרְשָׁא	Tel-harsha
תֵּל מֶלַח	Tel-melah
תֹּם	intégralité, intégrité, également partie de la cuirasse du grand prêtre
תֻּמָּה	intégrité

תִּמָּהוֹן	égarement
תַּמּוּז	Tammuz
תְּמוּנָה	ressemblance, forme
תְּמוּרָה	échange, récompense
תְּמוּתָה	mort
תֶּמַח	Temah
תָּמִים	intégrité
תִּמְנָה	territoire, deux villes en Judée
תִּמְנִי	Timnite
תִּמְנָע	Timna
תִּמְנַת־סֶרַח	Timnath-serah
תִּמְנַת חֶרֶס	Timnath-heres
תֶּמֶס	une fonte (loin)
תָּמָר	(1) Tamar (2) palmier, palmier-dattier
תֹּמֶר	palmier, poteau
תִּמֹרָה	palmier
תַּמְרוּק	un grattage, un frottement
תַּמְרוּר	(1) amertume (2) poteau indicateur
תַּן	un chacal

תְּנוּאָה	opposition
תְּנוּבָה	fruit, produit
תְּנוּךְ	pointe ou lobe (de l'oreille)
תְּנוּמָה	sommeil
תְּנוּפָה	une offrande, une offrande balancée, ondulée, ondulante
תַּנּוּר	four, fourneau
תַּנְחוּם	consolation
תַּנְחֶמֶת	Tanhumeth
תַּנִּין	serpent, dragon, monstre marin
תִּנְשֶׁמֶת	(un animal) hibou, caméléon
תֹּעוּ	Toi
תְּעוּדָה	témoignage, attestation
תְּעָלָה	(1) une guérison (2) un cours d'eau
תַּעֲלוּלִים	dévergondage, caprice
תַּעֲלֻמָה	une chose cachée, un secret
תַּעֲנוּג	délicatesse, luxe, plaisir exquis
תַּעֲנִית	humiliation
תַּעֲנָךְ	Taanach
תַּעֲצֻמוֹת	puissance, plénitude de la force

תַּעַר	un rasoir, un fourreau
תַּעֲרוּבָה	otages
תַּעְתֻּעִים	moquerie
תֹּף	un timbre, un tambourin
תִּפְאָרָה	beauté, gloire
תִּפְאֶרֶת	beauté
תַּפּוּחַ	(1) *Tapuah* (2) pommier, pomme
תְּפוֹצָה	dispersion
תַּפִּינִים	pièce
תֹּפֶל	*Tophel*
תִּפְלָה	insipidité, inconvenance
תְּפִלָּה	prière
תִּפְלֶצֶת	frisson, horreur
תִּפְסַח	*Tiphsah*
תֹּפֶת	(1) *Topheth* (2) (acte de) cracher
תָּפְתֶּה	*Topheth*
תִּקְוָה	(1) un espoir (2) une corde (3) *Tikvah* ("espoir")
תְּקוּמָה	une position debout, le pouvoir de se tenir debout
תְּקוּפָה	un tour, un circuit

תְּקוֹמֵם	une hauteur
תָּקוֹעַ	un souffle, un instrument à vent
תְּקוֹעַ	Tekoa
תְּקוֹעִי	hab. de Tekoa
תֶּקַע	souffle (d'une corne)
תֹּקֶף	puissance, force, énergie
תַּרְאֲלָה	Taralah
תַּרְבּוּת	augmentation, couvée
תַּרְבִּית	augmentation, intérêt, usure
תַּרְדֵּמָה	sommeil profond
תִּרְהָקָה	Tirhakah
תְּרוּמָה	contribution, offrande (pour des usages sacrés)
תְּרוּמִיָּה	ce qui appartient à une contribution, un apport
תְּרוּעָה	un cri ou une explosion de guerre, d'alarme ou de joie
תְּרוּפָה	une guérison
תִּרְזָה	(un arbre) un cyprès
תֶּרַח	Térah
תָּרַח	Térah
תִּרְחֲנָה	Tirhanah

תָּרְמָה	tromperie
תַּרְמוּת	perfidie
תַּרְמִית	tromperie
תֹּרֶן	un mât
תַּרְעֵלָה	un moulinet
תִּרְעָתִים	Tirathites
תְּרָפִים	*Téraphim*
תִּרְצָה	*Tirzah*
תֶּרֶשׁ	*Teresh*
תַּרְשִׁישׁ	(1) *Tarshish* (2) (une pierre précieuse) du jaspe jaune
תַּרְתָּן	général, commandant (titre d'un général assyr.)
תַּרְתָּק	*Tartak*
תְּשׂוּמֶת	un gage, une sécurité
תְּשֻׁאָה	bruit
תִּשְׁבִּי	un Tishbite
תַּשְׁבֵּץ	damier
תְּשׁוּבָה	un retour, une réponse
תְּשׁוּעָה	une délivrance, un salut
תְּשׁוּקָה	un désir ardent

תְּשׁוּרָה   un cadeau, un présent

Index

Introduction 1
א 3
ב 37
ג 55
ד 69
ה 77
ו 83
ז 85
ח 91
ט 113
י 117
כ 139
ל 151
מ 157
נ 203
ס 217
ע 227

פ	249
צ	263
ק	275
ר	287
שׂ	299
שׁ	305
ת	327
Index	341

קְנֵה חָכְמָה קְנֵה בִינָה
אַל־תִּשְׁכַּח וְאַל־תֵּט מֵאִמְרֵי־פִי׃

Acquérir la sagesse ! Acquérir de l'intelligence !
N'oublie pas, et ne te détourne pas des paroles de ma bouche.

(Proverbes 4 : 5)

Printed in France by Amazon
Brétigny-sur-Orge, FR